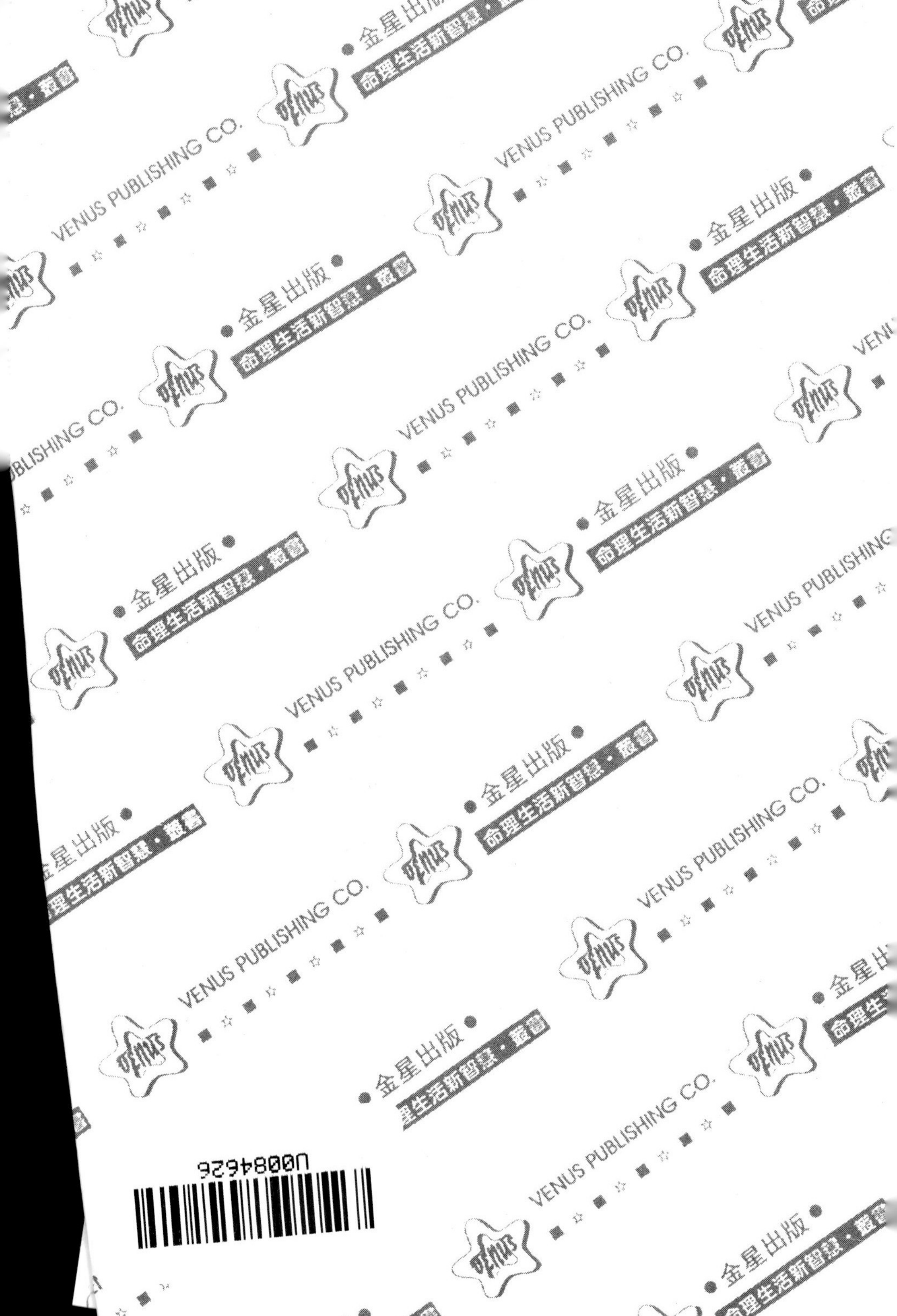
VENUS PUBLISHING CO.
金星出版
命理生活新智慧・叢書

VENUS PUBLISHING CO.
金星出版
命理生活新智慧・叢書

命理生活新智慧・叢書　88

簡易

大六壬神課詳析

金星出版社 http://www.venusco555.com
E-mail: venusco997@gmail.com
法 雲 居 士 http://www.fayin777.com
E-mail: fayin777@163.com
fatevenus@yahoo.com.tw

法雲居士⊙著

國家圖書館出版品預行編目資料

簡易大六壬神課詳析／法雲居士著，--臺北市：金星出版：紅螞蟻總經銷，2010年5月　冊；　公分—
（命理生活新智慧叢書；88）

ISBN 978-986-6441-18-9（平裝）

1.占卜

292.4　　　　99006342

簡易大六壬神課詳析

作　　者：法雲居士
發 行 人：袁光明
社　　長：袁光明
編　　輯：王璟琪
總 經 理：袁玉成
地　　址：台北市南京東路三段201號3樓
電　　話：886-2-25630620，886-2-23626655
傳　　真：886-2365-2425
郵政劃撥：18912942金星出版社帳戶
總 經 銷：紅螞蟻圖書有限公司
地　　址：台北市內湖區舊宗路二段121巷19號
電　　話：(02)27953656(代表號)
網　　址：http://www.venusco555.com
E-mail：venusco997@gmail.com
法雲居士網址：http://www.fayin777.com
E-mail：fayin777@163.com
fatevenus@yahoo.com.tw

版　　次：2010年5月　第1版　2023年10月加印
登 記 證：行政院新聞局局版北市業字第653號
法律顧問：郭啟疆律師
定　　價：370元

行政院新聞局局版北字業字第 653 號
(本書遇有缺頁、破損倒裝請寄回更換)

ISBN :978-986-6441-18-9（平裝）

（因掛號郵資漲價，凡郵購五冊以上，九折優惠。本社負擔掛號寄書郵資。單冊及二、三、四冊郵購，恕無折扣，敬請諒察！）

序

『六壬學』之占斷法是歷史上最為古老的占卜法。此在《吳越春秋》及《越之絕書》中都有記載。因此六壬神課之占卜術其年代可上推至春秋時代。

『六壬學』是根據五行生剋而起的，五行始於水，陰氣上升而有陽，故稱『壬』。天一生水，為萬物之血脈。天五生土，為萬物之根基。同生同死，水逼土五合成六，此為『六壬』之由來。《四庫全書》提要云：六壬與遁甲、太乙，世謂之三式。

古時據說春秋時吳子胥、少伯、文種都善六壬，宋朝時宋仁宗也都嗜善六壬。至金朝的耶律楚材，明朝之劉青田亦皆精於此術，由此可知，長期以來六壬之學有一脈相傳、學習此學者甚多。

很多人都說『六壬』與『易』相似，都是以陰陽消長來明存亡之道的卜術。『六壬』是以日幹(日干)為本，以生剋為端。生即陽即長，剋即陰即消。如果幹上凶，支上吉，三傳凶的，宜靜守。幹上凶、支上吉，又三傳吉的，宜行動。這就是所謂的『存亡之道』了。因此對『易』學涉獵深的人，很容易善學『六壬』。而善卜

簡易
大六壬神課詳析

『六壬』的人，也會喜研究『易』學了。

『六壬』之學，會了之後很容易讓人著迷。它也是一種把四柱推命(八字學)再繼續用五行生剋及陰陽等方式再變化課斷，以所乘之神及所臨之地，而定從違。

世間原有很多事是人力所難決定的，近年來這新的二十一世紀卻災難連連，天災(地震、洪水、風災)人禍(金融風暴)不斷，吉凶災悔綿延，卜筮之道中，以『六壬』最靈驗，但大多數喜學命卜者害怕其煩雜手續、及難作論斷，特此出版此本《簡易大六壬神課詳析》以解好學者疑義，使之審其萬事榮枯變化或庶務之否極泰來之間，能有倏然所悟之神機。

法雲居士　謹識

簡易 大六壬神課詳析

目錄

論斷篇

1 六壬占時取法

六壬學最重『占時』。這是開啟占卜吉凶的第一步驟。沒有『占時』便無從占卜起了。

占時取法有四種：

1 由來問事者當面口報時間。此人若不假思索，隨口而出。是為天機活潑，會異常靈驗。如果遲疑猶豫而報出時間，則為其人多用心機，會不容易靈驗了。因此隨機而答是最好的方式。

2 若當事人自己占卜時，以占卜當時的時間為主做占時，或以發念要占

卜的時間來做為占時，都是不錯的，但要心誠才靈。

3 用『製盒搖珠法』來占卜。古時製盒有講究。製盒須用最好的雷擊過的棗木來做盒。且要選擇農曆子月壬子日子時監製而成。其規製是做成六寸圓徑的圓盒。高約三寸。盒內底部中間刻太極圖。太極圖要略凸一點，旁邊刻十二孔以應十二時辰：子丑寅卯辰巳午未申酉戌亥十二時，盒內要放一顆珊瑚珠子。演課時，用手將盒向左方旋轉(逆時針方式)，看珠子落於何時，即以此為占時。

4 用籌桶置十二籌或三十六支籌隨抽而納為占時，自製籌桶時，亦須用檀香木製桶，用雷擊棗木，以高六寸、寬三分、上圓下方，來製造籌籤，每籌籤上刻一個時辰名稱。演課時，看問事人所抽之籌為某時，即以此為占時。(現今可用籤桶代替)

2 定地盤法

地盤即是以子丑寅卯辰巳午未申酉戌亥十二占時為地盤。地盤永遠不變動。凡占壬課，首先要定占時，再定地盤，後取天盤。占時為所動之時，動則隱藏天機。地主靜，因此地盤永遠不動。

地盤式

巳	午	未	申
辰			酉
卯			戌
寅	丑	子	亥

簡易
大六壬神課詳析

3 月將

月將指的是太陽。管轄這一個月中的事情的神將叫『月將』。正月太陽居於亥宮，故正月的月將為亥。二月之月將為戌。……

正月、寅月，太陽居亥宮，月將為『亥』。

二月、卯月，太陽居戌宮，月將為『戌』。

三月、辰月，太陽居酉宮，月將為『酉』。

四月、巳月，太陽居申宮，月將為『申』。

五月、午月，太陽居未宮，月將為『未』。

六月、未月，太陽居午宮，月將為『午』。

七月、申月，太陽居巳宮，月將為『巳』。
八月、酉月，太陽居辰宮，月將為『辰』。
九月、戌月，太陽居卯宮，月將為『卯』。
十月、亥月，太陽居寅宮，月將為『寅』。
十一月、子月，太陽居丑宮，月將為『丑』。
十二月、丑月，太陽居子宮，月將為『子』。

4 定天盤法

天盤的組合內容也是子、丑、寅、卯、辰、巳、午、未、申、酉、戌、亥十二支。天盤取法是把月將加在占時(地盤)上，而形成天盤。月將一月一換，輪流主事，故天盤主動。

例如：三月穀雨後酉將寅時占，就是把酉加在寅上，其式是：

子	丑	寅	卯
亥			辰
戌			巳
酉	申	未	午

↑ 天盤酉加寅上

例如：正月雨水後亥將寅時占，就是把亥加於寅上，其式是：

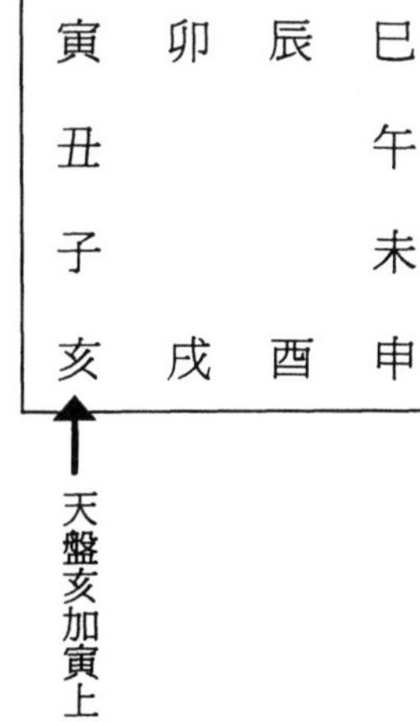

5 中氣推演算法

壬課所用的是每個月的『中氣』。此為太陽過宮、交換中氣之時。壬課是從每個日的中氣開始使用本月的月將。

雨水後月將為『亥』。

春分後月將為『戌』。

穀雨後月將為『酉』。

小滿後月將為『申』。

夏至後月將為『未』。

大暑後月將為『午』。

處暑後月將為『巳』。
秋分後月將為『辰』。
霜降後月將為『卯』。
小雪後月將為『寅』。
冬至後月將為『丑』。
大寒後月將為『子』。

6 幹枝

在六壬學中，占時居於地盤，月將居於天盤。由此兩個要素變通後，就開始以當日的幹枝為主來發展而起四課了，繼而再由陰陽五行生剋來推論吉凶。首先要分幹(干)枝(支)陰陽。

幹枝陰陽

甲、丙、戊、庚、壬為『陽幹』。

乙、丁、己、辛、癸為『陰幹』。

子、寅、辰、午、申、戌為『陽枝』。

丑、卯、巳、未、酉、亥為『陰枝』。

五行

甲、乙、寅、卯屬木。應於東方。

丙、丁、巳、午屬火。應於南方。

庚、辛、申、酉屬金。應於西方。

壬、癸、亥、子屬水。應於北方。

戊、己、辰、戌、未屬土。應於中央。

生剋

水生木。木生火。火生土。土生金。金生水。

水剋火。火剋金。金剋木。木剋土。木剋水。

舉例：

若三月穀雨後演課，要用『酉將』。有人口報占時為卯時。可是當日係甲辰日，先將當日幹枝，從中空一格，寫在兩處，後起四課。其圖式如左：

甲　辰

亥	子	丑	寅
戌			卯
酉			辰
申	未	午	巳

天盤酉將→酉
地盤即是卯時

7 取四課法

在六壬課中四課是發用的根源，及重要依據。其取法有五個步驟，是以占事本日的天干、地支與天盤相作用而成的。

四課中除日干外，其餘七字都用地支。而日干本身也寄於地支之中。並用這個地支來代表天干。

1 十干寄宮

十干寄宮宮訣：

甲課寅兮乙課辰，丙戊課巳不須論，

丁己課未庚申上，辛戌壬亥是其真，

癸課原來丑宮坐，分明不用四正神。

四正神為子、午、卯、酉，居於正北、正南、正東、正西，故稱之。

2 取第一課

用天盤圖式及十二寄宮取第一課。找出這個天干在地盤上的寄宮，看其寄宮的天盤上是何字，便將這個字寄在天干之上，就是第一課。

例如：穀雨後酉將，甲辰日寅時占：

天盤式

子	丑	寅	卯
亥			辰
戌			巳
酉	申	未	午

天干甲寄寅宮

據這個天盤式，甲寄寅宮，寅宮的天盤上寫著『酉』字，那麼第一課的寫法就是先寫『甲』字，再將『酉』寫於甲上，如『酉甲』。

3 取第二課

再把天干寄宮天盤的字，寫在日干右邊。再從這個字的地盤找出天盤是何字，再把這個字寫在日干天盤上所得的字的上邊，為第二課。

接上例，將『酉』寫在甲旁右邊，再看地盤上酉位上是『辰』字，再

把『辰』字寫在『酉』字上，即成為『辰酉』，此為第二課。

第二課 辰酉
第一課 酉甲

天盤式

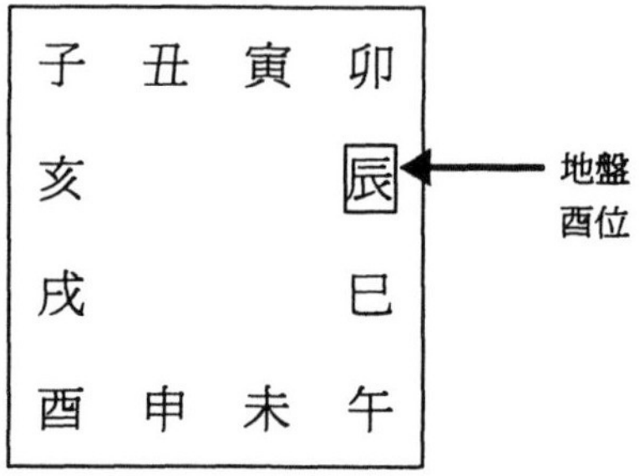

4 取第三課

把日支寫在第二課的下一字右邊並列。再從地盤上找出日支所在宮位的字是在天盤上的何字，便把此字寫在日支的上面，此為第三課。

接上例，日支是辰，先把『辰』寫在第二課的『酉』旁，從天盤得知，辰位是『亥』字，把『亥』字寫在『辰』上。此為第三課。即為『亥辰』。

第三課　亥辰
第二課　辰酉
第一課　酉甲

天盤式

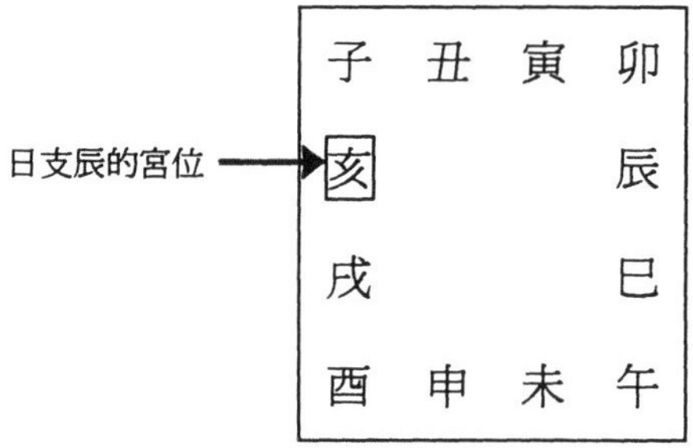

子	丑	寅	卯
亥			辰
戌			巳
酉	申	未	午

日支辰的宮位 → 亥

5 取第四課

把支上所得之天盤之字，寄在日支右邊，再從這個字的地盤上找出天盤上是何字，將此字寫在日支天盤上所得之字的上方，即為第四課。

接上例，日支辰的天盤上是『亥』，先將『亥』寄在第三課『辰』字右邊，再從『亥』字的地盤位置看到天盤上是『午』字，便將『午』字寫於『亥』上。成為第四課。如『午亥』。

四課完備。第一課、第二課來自日干，所以稱為『日上兩課』。第三課、第四課來自日支，所以稱為『辰上兩課』。故六壬亦簡稱日干為『日』。簡稱日支為『辰』。

第四課　**午亥**
第三課　**亥辰**
第二課　**辰酉**
第一課　**酉甲**

天盤式

子	丑	寅	卯
亥			辰
戌			巳
酉	申	未	午

8 取三傳法

『四課』取好了，就要取『三傳』。

『三傳』就是課式中的初傳、中傳、末傳。這是用來占斷事情吉凶的主要依據。初傳又稱『發用』。

『三傳』的選取是依據四課中上下剋賊的狀況，以及和地支刑沖相剋的狀況而做成的。四課中，**上剋下為「剋」。下剋上為「賊」。**

三傳發用，要利用的五行生剋沖刑害知識如下：

天干五合：

甲己相合，乙庚相合，丙辛相合，丁壬相合，戊癸相合。

地支六合：

子丑合，寅亥合，卯戌合，辰酉合，巳申合，午未合。

地支六沖：

子午沖，丑未沖，寅申沖，卯酉沖，辰戌沖，巳亥沖。

地支三合局：

卯亥未相合為木局。巳酉丑相合為金局。申子辰相合為水局。寅午戌相合為火局。

地支三刑：

子刑卯，卯刑子。丑刑戌，戌刑未，未刑丑。寅刑巳，巳刑申，申刑寅。辰午酉亥為自刑。

地支六害：

子未相害。丑午相害。寅巳相害。卯辰相害。申亥相害。酉戌相害。

「三傳」的格式有九個。如：

第一：剋賊式。　第四：遙剋式。　第七：反吟式。

第二：比用式。　第五：昴星式。　第八：別責式。

第三：涉害式。　第六：伏吟式。　第九：八專式。

剋賊第一式

歌訣：

取課先從下賊呼，如無下賊上剋初。
初傳之上中傳取，中傳上神末傳居。

在六壬課中，天盤之沖剋地盤之神稱為『剋』。地盤之神剋天盤之神稱為『賊』。『剋賊式』又有1『始入課』。2『重審課』。3『元首課』三種形式。

始入課

取法：

1 在四課中查看，如果有一課為下賊上的，就先以受剋之神為『初傳』。
2 再在地盤上用初傳之位上所居之神為『中傳』。
3 用地盤上的中傳之位上的神為『末傳』。

例如：四月丁亥日巳時申將：

初傳—**酉**
中傳—**子**
末傳—**卯**

(四課)

酉	**子**	**寅**	**巳**
丁	**酉**	**亥**	**寅**

天盤

申	酉	戌	亥
未			子
午			丑
巳	辰	卯	寅

此例中：第一課『酉丁』，丁火剋酉金，是下賊上。第二課子酉無剋。第三課中寅亥六合。第四課中寅巳相刑。故取下賊上的『酉』金為初傳發用。地盤『酉』的位置上之神為『子』，故取『子』為中傳。地盤『子』的位置上是『卯』，就取『卯』為末傳。此為『始入課』之取法。

重審課 取法：

① 在四課中查看，如果有一課為下賊上者，另有一課是上剋下的，則不管其上剋下的，仍以下賊上的那課為初傳。

② 中傳與末傳的取法與前例一樣。(即以用初傳之神在地盤上的位置上的字為『中傳』。再以地盤上中傳之位上的神為『末傳』。)

例如：卯月壬戌日午時亥將

午
亥
辰

午	亥	辰	酉
壬	午	亥	辰

戌	亥	子	丑
酉			寅
申			卯
未	午	巳	辰

此例中：第一課『午壬』，壬水剋午火，是下賊上。第二課『亥午』，是亥水剋午火，是上剋下。第三課辰亥上剋下。第四課酉辰相合。故仍以下剋上者為初傳，以『午』為初傳。再以天盤上『午』位之字『亥』為中傳。再以『亥』位之字『辰』為末傳。

※**請注意：**四課中只要有一課是下賊上的，其餘不論是有幾課為上剋下的，皆取『下賊上』那一課為『初傳』。『上剋下』者一律不取用。

元首課取法：

① 四課中如果沒有一課是『下賊上』的課，只有一課為『上剋下』者，則取『上剋下』者為『初傳』。

② 中傳、末傳取法與『始入課』相同。

例如：巳月己丑日子時申將

寅
戌
午

寅	戌	午	寅
己	寅	戌	午

丑	寅	卯	辰
子			巳
亥			午
戌	酉	申	未

子時申將

此例中：第一課『寅己』，木剋土，是上剋下。第二課『寅戌』會局。第三課『午戌』也是會火局。第四課『寅午』也是會火局。故用『寅』為『初傳』。用天盤上寅位『戌』字做『中傳』，用天盤上戌位『午』字做為『末傳』。

※**請注意：**四課中，不論是下賊上，或上剋下，都取用課中的上一字為初傳，不可取課中下一字為『初傳』。

比用第二式

歌訣：

下賊或三二四侵。如逢上剋亦同云。
常將天日比神用。陽日用陽陰用陰。
若遇俱比俱不比。立法別有涉害陳。

取用技巧：

在四課中，有兩課、三課，甚至四課皆為『下賊上』者，或有二課、三課，甚至四課上剋下者，則取與日干『相比』者為發用，為『初傳』。

※ 此處所稱之『相比』為『陰陽相比』，與八字中之比肩不同。

※ 『陰陽相比』是以『子、寅、辰、午、申、戌』為陽。甲、丙、戊、

庚、壬為陽。以『丑、卯、巳、未、酉、亥』為陰。乙、丁、己、辛、癸為陰。

※四課『陰陽相比』中，如果日干丙為陽干，則取子、寅、辰、午、申、戌等陽支來相比。如果日干為己為陰干，則取丑、卯、巳、未、酉、亥等陰干為相比。其中，中傳和末傳的取法不變。

『比用式』有1『比用課』。2『知一課』。二種形式。

比用課 取法：

①在四課中查看：如果有二課以上都是『下賊上』須相比者，為『比用課』。

②中傳與末傳取法不變如前。

例如：亥月戊寅日酉時寅將

比用課

子
巳
戌

四課	三課	二課	一課
戌	卯	未	子
戊	戌	寅	未

戌	亥	子	丑
酉			寅
申			卯
未	午	巳	辰

此例中：第一課『戌戌』皆土，無剋。第二課『卯戌』，卯木剋戌土，『上剋下』。第三課『未寅』為寅木剋未土，『下賊上』。第四課為『子未』，也是『下賊上』，未土剋子水。

因日干戊土為陽。第三課、第四課皆為『下賊上』，但『未』是陰木，與『戊』為陽，相互不比。第四課之子水為陽，和戊相比。故用『子』為『初傳』，再在天盤上找子之位之神是『巳』，『巳』為中傳。再在天盤上找『巳』之位為『戌』，取『戌』為『末傳』。此為『比用課』。

知一課 取法：

1 在四課中查看：如果有二課以上都是『上剋下』者，須相比者，稱為『知一課』。

2 『中傳』與『末傳』取法不變。

例如：巳月辛卯日子時申將

知一課

未

卯

亥

午	寅	亥	未
辛	午	卯	亥

丑	寅	卯	辰
子			巳
亥			午
戌	酉	申	未

※四課中，有兩課『下賊上』者，稱為『比用課』。有兩課『上剋下』者，稱為『知一課』。

※四課中，若有兩課為『上剋下』，又有一課為『下賊上』者，則取『下賊上』為發用者，稱為『重審課』。

※四課中，若有兩課為『上剋下』，又有兩課為『下賊上』者，要取『下賊上』做相比為初傳者，稱為『知一課』。

涉害第三式

課經云：涉，渡也；害，克也。若壬課中有四課都是『下賊上』，或有二課、三課為『下賊上』，或是四課中有二課、三課、四課皆為『上剋下』，而這些二課、三課，及四課都和日干全相比，或全不相比時，會以比較涉害輕重的程度的方法來取『初傳』。就是從這個字所在的天盤開始，一直數到地盤上的位置，這個度數的過程，就稱為『涉』。這個度數過程中又逢到相剋的就是『害』。整個比較受剋程度的過程又稱為『涉歸本家』。要研究四課中有幾重剋，把四課中上神受剋比較之後，用受剋多的地支做發用為『初傳』。如果是有兩、三、四課為『上剋下』者，以『我』所剋多者為『初傳』。

例如以酉金為例，酉金逢到巳、午及巳下寄宮之丙火（指巳中含用）、未下寄宮之丁火（指未中含用），皆會剋我（剋酉）。酉金逢到寅木、卯木、

寅下寄宮之甲木(指寅中含用)、辰下寄宮之乙木(指辰中含用)，皆為我剋(酉金剋木)，其剋多者而用之。『中傳』、『末傳』皆從天盤上找，與前法相同。這種取法稱為『涉害課』。

歌訣云：

涉害行來本家止。路逢多剋發用奇。
孟為見機仲察微。復等戊幹日上宜。　復等一名綴瑕

又云：

有時俱比俱不比。涉害最深為用神。
孟深仲淺重回復。復等剛干柔取辰。

涉害課的取法是：如果四課中，有上下剋都與日干比和，或都不相比時，則取剋最多者為『初傳』。

例如：有天盤『子』字在辰宮，即從『辰』數到地盤上『子』位上，

看有幾剋。例如：子加在『辰』上，則辰土剋子水為一剋。經過『巳』，『巳』中有戊土為戊剋子水，為二剋。『午』為三剋，『未』中有巳土為四剋。(中間申、酉對子水相生)戌為五剋。數到『子』的本位共五剋。因剋多，即以此『子』為初傳發用。

四孟為寅申巳亥。

四仲為子午卯酉。

四季為辰戌丑未。

孟仲季四課都指的是四課中之下神。如果上神有四孟之一，則立刻用孟上神。如果有仲上神，也有季上神，全可不論。如果四課之上神主要是『仲上神』與『季上神』，則要論其受剋的多寡，多受剋者為發用做初傳。但是仲上神的受剋數量會較少，季上神受剋數量會較多。如果受剋的上神都是『孟上神』，或都是『仲上神』或『季上神』，其數量相同的，則看日干陰陽來斷，陽日則取『干上神』為發用，陰日則取『支上神』做發用初

傳。

『**涉害課**』**有六十三課**，都是四課涉害很深的。**例如：**四課中取『孟上神』為發用『初傳』的，為『見機課』。此『見機課』有九個課式。

例如：四課中取『仲上神』為發用的，稱為『察微課』，有二個課式。

例如：四課中涉害很深，孟上神和仲上神又相等的各二課的，則取『幹上神』發用做初傳，稱為『綴瑕課』。此有一個課式。

另外：戊辰日有幹上為『子』，此又為『反吟課』，是類似『綴瑕課』做發用的有二課。

戊辰、戊戌日，幹上為『亥』的，故幹上『孟神』相等的，只有戊日屬陽三課。其他各幹並沒有『仲上神』與『季上神』都相等的課式。

例如：巳月庚戌日戌時申將

涉害課

三傳

午
辰
寅

四課

午	辰	申	午
庚	午	戌	申

天盤

卯	辰	巳	午
寅			未
丑			申
子	亥	戌	酉

在此涉害課中，第一課『午庚』，為上剋下。第二課『辰午』，無剋。第三課『申戌』，下賊上。第四課『午申』，下賊上。三、四兩課皆為下賊上。日干庚金是陽干，申、午也皆為陽干，俱比，無法取用。只好用『歷歸本家』的涉害法，先用午火加臨地盤申上，為火剋金是一重剋。申是庚

金寄宮，又為火剋金，又是一重剋，為二重剋。到酉位，午火剋金，又一重剋，為三重剋。至戌位，戌是辛金寄宮，再加一重剋，其得四重剋。再看『戌』加臨地盤『子』上，土剋水為一重剋。到丑位，丑是癸水寄宮，土剋水又一重剋。之後歷經寅、卯、辰、巳、午、未、申、酉，直到戌的本位本家，再無一剋。共得二重剋。和午火比較，午火涉害較深，故以午火發用做『初傳』。

見機課取法：

四課中有兩課以上的『下賊上』，或『上剋下』，涉害深淺又相當，也都與日干俱比或俱不比。要看其神是否居於地盤上的四孟之上(寅、申、巳、亥)，便取這個神來發用為『初傳』。這種課格稱為『見機課』。

例如：正月丙子日辰時亥將

見機課

子
未
寅

子	未	未	寅
丙	子	子	未

子	丑	寅	卯
亥			辰
戌			巳
酉	申	未	午

此例中：第一課是『子丙』，水剋火為上剋下。第二課『未子』，未土剋子水。第三課也是『未子』，未土剋子水。第四課『寅未』，是寅木剋未土。四課皆『上剋下』，但日干丙為陽，而二課、三課的『未』為陰，和『日干丙』不相比。有子水、寅木和日干相比，有兩個無法取用。只好用『歷歸本家』的涉害法。先將子水加於地盤巳上，巳是丙火寄宮，為一重剋。子水和巳火相剋，是第二重剋。至午火，子午相剋是第三重剋，至未，子未相穿是第四重剋，而後至申、酉、戌、亥無剋，直至本宮子水無剋。共得四重剋。

再看『寅』，『寅』加『未』上是一重剋。未是己土寄宮，又得二重剋。至申、酉無剋。至『戌』，又得三重剋。至亥、子無剋。至丑，又得第四重剋，至寅，寅木本家無剋。子與寅相比較，涉害又相同，仍是無法取用，便要看加臨何宮來取發用了。

『寅』本在天盤上是在『未』的位置，『子』在天盤上是『巳』的位置。

『巳』為『孟神』，便用『巳』上的『子』為發用做『初傳』。此為『見機課』。

※『**涉害法**』**之**『**歷歸本家**』**的算法**：1相比的兩課皆以上神為主要之神。2如果是『子丙』，是水剋火，順時針方向算『歷歸本家』，下一字『丙』在天盤上無位，要先算出丙的寄宮於『巳』宮，於是『子』由『巳』宮順時針方向，歷經午、未、申、酉、戌、亥，至子宮(本家)，稱『歷歸本家』，沿途看與何宮有剋，算有幾個剋，稱為幾重剋。剋多的選為發用。如果有兩、三課於『歷歸本家』之後，剋數又相同的，再看這兩、三課的上課是在天盤上何位置，例如在孟神的位置(寅、申、巳、亥)，就取其為發用，為初傳。此為『見機課』。如果四孟(寅、申、巳、亥)之上，沒有剋神，再找居於天盤四仲(子、午、卯、酉)之上的剋神為發用初傳。此種課叫『察微課』。

※『歷歸本家』之後，如果四孟、四仲上的上課都無剋、無取，是不能取四季上神(辰、戌、丑、未)的，而是在陽日就取干上神做發用初傳。陰日就取支上神為發用初傳的。這種課稱為『綴瑕課』或『復等課』。

(後面有舉例說明)

察微課取法：

例如：辰月庚午日巳時酉將

察微課

辰
申
子

子	辰	戌	寅
庚	子	午	戌

酉	戌	亥	子
申			丑
未			寅
午	巳	辰	卯

此例中：第一課是『子庚』，為金水相生。第二課『辰子』，為土剋水，上剋下。第三課『戌午』，為火土相生。第四課『寅戌』，為木剋土。只論剋不論生。第二及第四課皆為上剋下，且『辰』與『寅』皆為陽，和日干、庚皆相比。以致無法取用。故用『歷歸本家』的『涉害法』檢驗之。

1 用辰土加於天盤『子』位，土剋水，為一重剋。至丑，丑為癸水寄宮，

為二重剋。至寅、卯、辰皆無剋。共有兩重剋。

2 用寅木加於天盤『戌』上，為木剋土，有一重剋。至子、亥位為無剋。至『丑』位，寅木剋丑土，為二重剋。至寅為本家，無剋。也是兩重剋。

二者涉害相當，無法取用。並且寅與辰在天盤上皆不是在『孟上』(寅、申、巳、亥)，但辰加臨『子』位為『仲上』(子、午、卯、酉)。寅木加臨戌上為『季上』(辰、戌、丑、未)，季上神是不用的，故選取『辰』做發用『初傳』。此為『察微課』。

復等課 **取法：**

例如：二月戊辰日卯時戌將

復等課

子
未
寅

子	未	亥	午
戌	子	辰	亥

子	丑	寅	卯
亥			辰
戌			巳
酉	申	未	午

此例中：第一課『子戌』，下賊上，戌土剋子水。第二課『未子』，上剋下，未土剋子水。第三課『亥辰』，下賊上，辰土剋亥水。第四課『午亥』，下賊上，亥水剋午火。戊土日干為陽，第三課亥水為陰，與日干不比，棄之不論。第二課為上剋下，也不論。用『子』與『午』跟日干相比，

皆屬陽，故用涉害法之『歷歸本家』之法看有幾重剋。用第一課之子水加臨巳上，至本家子宮，共歷經巳、午、未、戌宮四重剋。再看第四課午火加臨亥上，至本位午宮，共歷經壬、亥、子、丑等四重剋。兩課涉害相當，無法取用。

從天盤上看，子水臨巳宮，為四孟。午火臨亥宮，也為四孟。仍無法取用。日干戊土為陽干，就以課上先看到之陽神為發用，『子』為第一課，居先見之位，故以『子』為發用初傳。此為『復等課』亦名『綴瑕課』。

遙剋第四式

歌訣：

四課無剋用尋遙，日與神兮遞互招。
先取神遙克其日，如無方取日來遙。
或有日去剋兩神，復有兩神來克日。
擇與日干比者用，陽日用陽陰用陰。

歌訣中的意思是：在四課中如果沒有『下賊上』，也沒有『上剋下』者，則取四課中之上神遙剋日干的字為發用初傳。這種課格稱為『蒿矢課』。

如果四課中沒有遙剋日干的上神，則取日干遙剋四課中某個上神為發用初傳。這種課式叫『彈射課』。

※**但要小心**：如果四課有兩個以上的上神遙剋日干，或日干會遙剋兩個以上的上神時，則選取與日干相比之神為發用初傳。中傳與末傳的取法與前法同。

蒿矢課 **取法：**

例如：未月壬辰日卯時午將

蒿矢課

戌
丑
辰

寅	巳	未	戌
壬	寅	辰	未

申	酉	戌	亥
未			子
午			丑
巳	辰	卯	寅

此例中：在四課中，第一課『寅壬』，水木相生，無剋。第二課『巳寅』，木火相生，無剋。第三課『未辰』，皆土，無剋。第四課『戌未』，皆土，無剋。四柱無『下賊上』，亦無『上剋下』。但日干遙剋第二課『巳寅』之上神『巳』。第三課上神未土和日干也遙剋。第四課戌土和日干也遙剋。日干壬剋上神者不論，故第二課上神『巳』不論。『壬』為陽，第三課上神『未』為陰土，與日干不比，棄之不用。第四課戌土為陽土，與日干相比，故取戌土為發用做初傳。由天盤戌位得丑，為中傳。再由天盤丑位得『辰』為末傳。此為『蒿矢課』。

彈射課取法：

例如：丑月壬申日酉時子將

彈射課

巳
申
亥

寅	巳	亥	寅
壬	寅	申	亥

申	酉	戌	亥
未			子
午			丑
巳	辰	卯	寅

此例中：在四課中，第一課『寅壬』，無剋。第二課『巳寅』，無剋。第三課『亥申』，無剋。第四課『寅亥』無剋。四課中既無『下賊上』，也無『上剋下』。也沒有課上神遙剋日干，只有日干壬水遙剋第二課上神『巳』火。因此用『巳』為發用初傳。在天盤上找『巳』位得『申』為中傳。在

申位得『亥』為末傳。此為『彈射課』。

※ 若四課中沒有『下賊上』，亦無『上剋下』，但有課上神遙剋日干，又有日干遙剋上神的，則取課上神遙剋日干者為發用初傳。而不用日干遙剋課上神者。

※ 倘若四課中有兩個以上的上神遙剋日干，或有日干遙剋兩個以上的課上神者，則要取用與日干能相比的神為發用做初傳。

※ 課上神遙剋日干的課式，稱為『蒿矢課』。日干遙剋課上神的課式，為『彈射課』。

昴星第五式

歌訣：

無剋無遙覓昴星。陽仰陰俯酉中神。
剛日先辰而後日。柔日先幹而後辰。

『昴星』之意為課中既無『下賊上』，又無『上剋下』，又沒有遙剋者，稱之。此昴星課格有兩種：一為『虎視格』。二為『冬蛇掩目格』。

虎視格取法：

四課中為昴星課者，其初傳取法，是該日干為陽，則取地盤上酉宮上神做發用為初傳。此即歌訣中之『陽仰』之意。中傳再取日支上神，末傳取日干上神。這種課格稱為『虎視格』。表示『酉』居西方白虎之位，其上神居虎目之中，故有此名。

例如：十月戊寅日戌時寅將

虎視格

丑
午
寅

酉	丑	午	戌
戌	酉	寅	午

酉	戌	亥	子
申			丑
未			寅
午	巳	辰	卯

此例中：第一課『酉戌』，土金相生，無剋。第二課『丑酉』，也是土金相生，無剋。第三課『午寅』，木火相生，無剋。第四課『戌午』，火土相生，也無剋。四課也無遙剋。故是『昴星課』。戊日為陽干，便取地盤上酉宮之『丑』為發用初傳。取日支『寅』之上神『午』為中傳。取日干戊上神『酉』為末傳。此課格為『虎視格』。

冬蛇掩目格 **取法：**

四課中為昴星課者，其初傳取法，是該日干為陰，取天盤酉下之神為初傳，即歌訣中的『陰俯』之意。取干上之神為中傳。用支上之神為末傳。這種課格，稱為『冬蛇掩目格』。

例如：八月丁亥日丑時辰將

冬蛇掩目格

午
戌
寅

戌	丑	寅	巳
丁	戌	亥	寅

申	酉	戌	亥
未			子
午			丑
巳	辰	卯	寅

此例中：第一課『戌丁』，火土相生，無剋。第二課『丑戌』，皆土相比無剋。第三課『寅亥』，水木相生，無剋。第四課『巳寅』，木火相生。四課中既無下賊上，亦無上剋下，亦無遙剋。故為『昴星課』。日干丁火屬陰干，故取天盤上酉金下神『午』來發用為初傳。日干丁火上神戌土為中傳。日支亥水之上神寅木為『末傳』。此為『冬蛇掩目格』。

伏吟第六式

歌訣：

伏吟有剋還為用。無剋剛幹柔取辰。

迤邐刑之作中末。從茲玉歷審其真。

若也自刑為發用。次傳顛倒日辰併。

次傳更復自刑者。衝取末傳不論刑。

伏吟課式是指，在占事的時候，如果月將和占時相同時，則天地盤處於相同的位置上(天盤與地盤相同)。這種局式稱為『伏吟』。『伏吟』有四種格式：一『不虞格』。二『自任格』。三『自信格』。四『杜傳格』。

不虞格取法：

『伏吟課』中若有上剋下或下賊上者，仍取剋神為初傳。中傳取初傳所刑之神。末傳取中傳所刑之神。如果初傳為『自刑』，則取支上神為中傳，再取中傳所刑之神為『末傳』。若中傳也是自刑之神，則末傳就取中傳所沖剋之神。此即『衝取末傳不論刑』之意。此種取用之法稱為『不虞格』。

例如：丑月癸丑日子時子將

不虞格

丑
戌
未

丑	丑	丑	丑
癸	丑	丑	丑

巳	午	未	申
辰			酉
卯			戌
寅	丑	子	亥

此例中：第一課『丑癸』，土剋水。第二、三、四課皆土，無剋。四課中丑土剋癸水，取剋神為初傳，故取『丑』為發用初傳。丑刑戌，故取戌土為中傳。戌刑未。故取未為『末傳』。此稱『不虞格』。

自任格 取法：

『伏吟課』中，如果四課中沒有『下賊上』及『上剋下』者，不取遙剋，而是以日干來看，陽日干則取干上神坐發用為初傳。初傳所刑之神為中傳。中傳所刑之神為末傳。如果中傳也為自刑，則取中傳所沖剋之神為末傳。此種取干上神為發用做初傳的課格，稱為『自任格』。

例如：辰月丙辰日酉時酉將

自任格

巳
申
寅

巳	巳	辰	辰
丙	巳	辰	辰

巳	午	未	申
辰			酉
卯			戌
寅	丑	子	亥

此例中：第一課『巳丙』與第二課『巳巳』，皆火相比無剋。第三、四課皆土相比無剋。日干丙火是陽干，取丙火之上神巳火發用為初傳。巳刑申，以『申』為中傳。申刑寅，以『寅』為末傳。此為『自任格』。

自信格取法：

伏吟課中，若四課皆無上下剋，也不取遙剋，若日干為陰干，則取支上神為發用初傳。初傳所刑之神為中傳，中傳所刑之神為末傳。如果中傳為自刑，則取中傳所沖剋之神為末傳。此種課格稱為『自信格』。

例如：巳月丁丑日申時申將

自信格

丑
戌
未

丑	丑	未	未
丑	丑	未	丁

巳	午	未	申
辰			酉
卯			戌
寅	丑	子	亥

此例中：第一課『未丁』，火土相生，無剋。第二課『未未』及第三課『丑丑』及第四課『丑丑』皆相比無剋。丁火是陰干，故取支上神『丑土』為發用初傳。丑刑戌，以『戌』為中傳。戌刑未，以『未』為末傳。此為『自信格』。

杜傳格取法：

在『伏吟課』中，不論日干為陽干或陰干，若初傳即為自刑，中傳又為自刑，則末傳取中傳相沖剋之神。此種課式稱為『杜傳格』。

例如：卯月壬辰日戌時戌將

杜傳格

亥
辰
戌

辰	辰	亥	亥
辰	辰	亥	壬

巳	午	未	申
辰			酉
卯			戌
寅	丑	子	亥

此例中：第一課『亥壬』，皆水相比。第二課『亥亥』及第三、四課『辰辰』，無剋。日干壬水為陽干，則取壬上亥水做發用為初傳。亥為自刑之神，故取支上神『辰』為中傳。『辰辰』也是自刑之神，便要用『辰』所沖剋之神為末傳，故用『戌』為末傳。此為『杜傳格』。

※『伏吟課』中四個課式如『不虞格』、『自任格』、『自信格』及『杜傳格』之取用發用之法都不一樣。不可混淆弄錯。

十干之伏吟課之三傳

歌訣：

六甲伏吟寅巳申，六丙六戊巳申寅。
六庚三傳申寅巳，六壬干支末取刑。
六乙還從辰戌未，六癸丑戌未相尋。
惟己辛丁臨亥酉，辰先日次末取刑。

此歌訣是指出十干中伏吟課之三傳。**日干『六甲』伏吟課**，甲木寄寅宮，干上神是寅。甲木是陽日。取干上神寅木為初傳。寅刑巳，『巳』為中傳。巳刑申，『申』為末傳。

『六丙日』、『六戊日』的伏吟課，因丙戊寄巳宮，干上神是『巳』，丙、戊都是陽日干，故取『巳』為初傳發用。巳刑申，『申』為中傳。申刑寅，

『寅』為末傳。

「六庚日」的伏吟課，因庚寄申宮，干上神是『申』，日干庚為陽干，故取『申』為初傳。申刑寅，用『寅』為中傳。寅刑巳，用『巳』為末傳。三傳為『申寅巳』。

「六壬日」的伏吟課，壬寄亥宮，干上神是『亥』，壬水為陽干，便取『亥』為發用初傳。但是亥自刑，中傳要取日支上神。如果日支為子、寅、申、戌，便不是自刑。末傳取中傳所刑沖之神便好。如果日支為辰、午，也是自刑，就要以末傳取中傳所刑沖之神為用了。

「六乙日」之伏吟課，乙寄辰宮，干上神是『辰』，為下賊上，常例要取『辰』為發用初傳。可是『辰』為自刑，中傳以日支上神來取。故日支不同，三傳也不一樣。『乙丑日』之三傳為辰丑戌。『乙卯日』之三傳為辰卯子。『乙巳日』之三傳為辰巳申。『乙未日』之三傳為辰未丑。『乙酉日』之三傳為辰酉卯。『乙亥日』之三傳為辰亥巳。（其中酉亥皆自刑。）

「六癸日」之伏吟課，癸寄丑宮，日干上神剋日干，依例取「丑土」為發用初神。丑刑戌，以「戌」為中傳。戌刑未，以「未」為末傳。三傳為「丑戌未」。

「六己日」、「六丁日」之伏吟課，因丁、己都寄未宮，丁和己又是陰干，要以支上神為初傳。丁丑日、丁卯日、丁巳日、丁未日、己丑日、己卯日、己巳日、己未日等八日，因支上神有刑剋，中傳則取支上神所刑沖之神。末傳取中傳所刑之神。另外四日，如丁酉日、丁亥日、己酉日、己亥日、這四日之支上神為自刑，中傳則取干上神之「未」，未刑丑，「丑」為末傳。

「六辛日」之伏吟課，因辛寄戌宮，辛是陰干，初傳以支上神來看，而辛丑日、辛卯日、辛巳日、辛未日、四日支上神有刑剋，即以此剋神為初傳。中傳以初傳所刑之神為之。末傳以中傳所刑之神為之。辛酉日、辛亥日二日之支上神為自刑，中傳則取干上神「戌」，戌刑未，「未」為末傳。

簡易
大六壬神課詳析

反吟第七式

歌訣：

反吟有剋仍為用。無剋別有井欄名。
若知六日該無剋。丑未同幹丁巳辛。
丑日登明未太乙。辰中日末識原因。（亥爲登明　巳爲太乙）

『反吟課』是指在天盤和地盤中，子居午位，午居子位，顛倒過來了。十二神各臨其衝射之位。也就是說：在占事時，月將與占時相沖，那麼天盤和地盤就會居於相沖剋之位。這種局式稱為『反吟課』。

反吟課中，如『下賊上』或『上剋下』少的，可仍用『重審課』或『元首課』的例子來取發用初傳。如果『下賊上』或『上剋下』多的，可仍用『知一課』、『涉害法』來取初傳。而中傳用初傳之刑沖之神。末傳用中傳

刑沖之神。此為『無依課』。

倘若是辛未日、辛丑日、丁丑日、己丑日四日遇到『反吟課』，而無『上剋下』或『下賊上』的，無法選初傳，則以驛馬來選。例如：辛未日之驛馬在『巳』。則以『巳』為初傳。中傳選取支上神。末傳選取干上神。此課式稱為『無親』。又名『井欄射』。

驛馬取法：

申子辰驛馬在寅。寅午戌驛馬在申。

巳酉丑驛馬在亥。辛卯未驛馬居巳。

無依格取法：

例如：六月庚戌日子時午將

無依格

寅
申
寅

寅	**申**	**辰**	**戌**
庚	**寅**	**戌**	**辰**

亥	子	丑	寅
戌			卯
酉			辰
申	未	午	巳

此例中：第一課『寅庚』，為金剋木，下賊上。第二課『申寅』，也為金剋木，上剋下。第三課『辰戌』，皆土相比。第四課『戌辰』，皆土相比。上剋下不用。以下賊上為用，故以『寅』為發用初傳。以地盤寅上神『申』為中傳。以地盤申上的『寅』為末傳。此為『無依格』。

無親格 取法：

例如：辰月辛丑日卯時酉將

無親格

亥
未
辰

辰	戌	未	丑
辛	辰	丑	未

亥	子	丑	寅
戌			卯
酉			辰
申	未	午	巳

此例中：第一課『辰辛』，為土生金，無剋。第二課及第三、四課皆為土相比，無剋，此課局式為反吟，但四課皆無剋，只能取日支之驛馬來做發用，故用日支丑之驛馬在亥，用『亥』做發用初傳。日支丑上神為未，便以『未』為中傳。日干辛之寄宮為『戌』，地盤中戌上神為『辰』，以『辰』為末傳。此為『無親格』

別責第八式

歌訣：

四課不全三課備。無剋無遙別責視。
剛日幹合上頭神。柔日枝前三合取。
皆以天上作初傳。陰陽中末幹中寄。

『別責課式』是指在四課中無上下剋，也無遙剋。四課中又有二課相同的課式，稱之。**若日干為陽干**，則取天干所相合之神的上神為發用初傳。中傳及末傳都用干上神。**如果日干為陰干**，要取日支三合局的前一位神做發用初傳。中傳及未傳仍要取干上神。

別責課 取法：

例如：正月丙辰日戌時亥將(陽日)

別責課

亥
午
午

午	未	巳	午
丙	午	辰	巳

午	未	申	酉
巳			戌
辰			亥
卯	寅	丑	子

此例中：四課中皆無上下剋及遙剋。並且第一課『午丙』與第四課『午巳』相同，故實際為三課，如此課局稱為『課不全』。為『別責課』之特色。日干丙火是陽干。要取天干所合之神的上神為發用初傳。天干丙辛相合，辛寄宮為『戌』，『戌』在地盤上神為『亥』，故以『亥』為發用初傳。

天干丙火的干上神為『午』，以『午』為中傳。中傳及末傳便都用干上神『午』。此為『別責課』。

例如：正月辛酉日子時亥將(陰日)

別責課

丑
酉
酉

酉	申	申	未
辛	酉	酉	申

辰	巳	午	未
卯			申
寅			酉
丑	子	亥	戌

此例中：此四課中既無上下剋，亦無遙剋，第二、三課又皆相同為『申酉』。故只有三課，為『課不全』。辛日屬陰干，應取支前三合位為初傳。『酉』的三合是『巳酉丑』，丑在酉前，故取丑土做發用初傳。辛寄戌宮，地盤上神為酉，故中傳及末傳均用酉。

注意事項：別責課和昴星課有些類似，都是課式中無上下剋及遙剋。但昴星四課完備，而別責課只有三課，不能弄混。別責課亦稱『芜淫』。

八專第九式

歌訣：

兩課無剋號八專，陽日日陽順行三。

陰日辰陰逆三位，中末總歸日上眠。八專亦名帷箔不修。

四課中有干支同位(指天干和地支的五行相同)，只有甲寅干支同寅、庚申日干支同申、己未、丁未日之干支同未，癸丑日，干支同丑。

八專課的發用初傳取法：是以陽日干從干上神開始，在天盤上順數三位做發用初傳。陰日干則從第四課的上神開始，在天盤上逆數三位為發用初傳。中傳及末傳不論陰日、陽日，都用干上神。

八專課 取法：

例如：未月丁未日卯時午將

八專課

亥
戌
戌

戌	丑	戌	丑
丁	戌	未	戌

申	酉	戌	亥
未			子
午			丑
巳	辰	卯	寅

此例中：丁未日之日辰干支同位，四課中實際只有二課。且無下賊上或上剋下，亦無遙剋，局式為『八專課』。丁日又為陰日，以第四課之上神之『丑』在天盤上逆數三神至亥，用『亥』做發用初傳。中傳及末傳皆用天干上神戌土。

獨足格 取法：

例如：戌月己未日子時卯將

獨足格

酉
酉
酉

酉	亥	酉	亥
己	酉	未	酉

未	申	酉	戌
午			亥
巳			子
辰	卯	寅	丑

此例中：己未日為干支同位，雖為四課，實際上只有二課，且無上下剋為八專課式。己土為陰日，因此從第四課的上神『亥』在天盤上逆數三位至『酉』，取酉為發用初傳。中傳及末傳皆取干上神『酉』。因三傳皆酉，故稱為『獨足』。在六壬課中七百二十課中，三傳相同者，也僅有『獨足』這一課。

《全新修訂版》

法雲居士⊙著

『面相』是一體兩面的事情，
我們可以從一個人的外表來探測其內心世界，
也可從一個人所發生的某些事情來得知此人的命運歷程。
『紫微面相學』更是面相中的楚翹，
在紫微命理裡，命宮主星便顯露了人一切的外在面貌、
精神與內在的善惡、急躁、溫和。

- 『紫微面相學』能從見面的第一印象中，立刻探知其人的內在性格、貪念，與心中最在意的事與其人的價值觀，並且可以讓你掌握到此人所有的身家資料。
- 『紫微面相學』是一本教你從人的面貌上，就能掌握對方性格、喜好，並預知其前途命運的一本書。
- 『紫微面相學』同時也是溫故知新、面對自己、改善自己前途命運的一本好書！

9 起貴人定十二天將法

起貴人

六壬課布十二天將時，首先要察看日干，並以占時的日夜早晚定出陽貴人或陰貴人。壬課中的時間，以從卯時開始，辰、巳、午、未、申六個時辰為白天，太陽在地平線之上的時間，貴人要用陽貴。而從酉時起，戌、亥、子、丑、寅等六個時辰為夜晚，太陽在地平線之下的時間，要用陰貴人。

陰陽貴人易查表：

日干	甲	乙	丙	丁	戊	己	庚	辛	壬	癸
陽貴	未	申	酉	亥	丑	子	丑	寅	卯	巳
陰貴	丑	子	亥	酉	未	申	未	午	巳	卯

貴神分陰陽，『貴人』主宰『十二天將』順逆布位的事情。天地的方位以北方向東方為陽位，以南方和西方為陰位。因此當貴神臨亥、子、丑、寅、卯、辰六位時，十二天將要順布。當貴神臨巳、午、未、申、酉、戌六位時，十二天將要逆布。

十二天將順布時，稱為『順治』。逆布時，稱為『逆治』。

十二天將為：一、貴人。二、螣蛇。三、朱雀。四、六和。五、勾陳。六、青龍。七、天空。八、白虎。九、太常。十、玄武。十一、太陰。十二、天后。

十二天將之布法：

1 首先看日干，其次看占時之日夜定出陰貴人或陽貴人，再定出在地盤上要順布或逆布。天將在天盤上稱為『乘』，在地盤上稱為『臨』。

2 將十二天將寫在天盤的每個字旁或上、下方。四課布十二天將時，寫在課上神之上方，課下神不布。三傳的布法，則寫在初傳、中傳、末傳之左邊。並且布十二天將時可簡寫，以一字代替。

貴人在亥順行

天空	白虎	太常	玄武
青龍			太陰
勾陳			天后
六合	朱雀	騰蛇	貴人

貴人在午逆行

騰蛇	貴人	天后	太陰
朱雀			玄武
六合			太常
勾陳	青龍	天空	白虎

貴人在卯順行

朱雀	六合	勾陳	青龍
騰蛇			天空
貴人			白虎
天后	太陰	玄武	太常

貴人在酉逆行

勾陳	六合	朱雀	螣蛇
青龍			貴人
天空			天后
白虎	太常	玄武	太陰

例如：九月戊寅日丑時卯將占事

十二天將之布法

辰	合
午	蛇
申	后

貴	陰	合	蛇
未	酉	辰	午
戊	未	寅	辰

	貴	后	陰	亥	
	未	申	酉	戌	
蛇	午			亥	常
雀	巳			子	虎
	辰	卯	寅	丑	
	合	陳	龍	空	

戊寅日丑時卯將，今所占為丑時，故用陰貴人。又在地盤上為逆行，故從天盤上『未』上加『貴人』，逆行，『午』旁加螣蛇之『蛇』字。『巳』旁加朱雀之『雀』字。『辰』下加六合之『合』字。『卯』下加勾陳之『陳』字。『寅』下加青龍之『龍』字。『丑』下加天空之『空』字。『子』旁加白虎之『虎』字。……

天干所屬、地支所屬

五鼠遁法：（以日干推算時干之法）

甲己還加甲，乙庚丙作初。
丙辛從戊起，丁壬庚子居。
戊癸何干起，壬子是真途。

時干簡易表：

時支＼日干	甲己	乙庚	丙辛	丁壬	戊癸
子	甲	丙	戊	庚	壬
丑	乙	丁	己	辛	癸
寅	丙	戊	庚	壬	甲
卯	丁	己	辛	癸	乙
辰	戊	庚	壬	甲	丙
巳	己	辛	癸	乙	丁
午	庚	壬	甲	丙	戊
未	辛	癸	乙	丁	己
申	壬	甲	丙	戊	庚
酉	癸	乙	丁	己	辛
戌	甲	丙	戊	庚	壬
亥	乙	丁	己	辛	癸

五虎遁法：(以年干推算月干之法)

甲己之年丙作首，乙庚之歲戊為頭。
丙辛之歲從庚上，丁壬壬字順行流。
更有戊癸何方發，甲寅之上好追求。

月干簡易表：

月支＼年干	甲己	乙庚	丙辛	丁壬	戊癸
寅	丙	戊	庚	壬	甲
卯	丁	己	辛	癸	乙
辰	戊	庚	壬	甲	丙
巳	己	辛	癸	乙	丁
午	庚	壬	甲	丙	戊
未	辛	癸	乙	丁	己
申	壬	甲	丙	戊	庚
酉	癸	乙	丁	己	辛
戌	甲	丙	戊	庚	壬
亥	乙	丁	己	辛	癸
子	丙	戊	庚	壬	甲
丑	丁	己	辛	癸	乙

10 遁幹

遁幹就是『遁干』

三傳求得之後，就要知道『遁幹』之事了，『遁幹』是指三傳之天干。即是要以『旬干』、『日干』來求之。

旬干：

丁卯日占事，則要用甲子旬內之干，子則甲子，丑則乙丑，丙子日占事要用甲戌旬內之干，戌則甲戌，亥為乙亥。以此類推。

六旬及空亡表

旬名	日干	空亡
甲子旬	甲子、乙丑、丙寅、丁卯、戊辰、己巳、庚午、辛未、壬申、癸酉	戌、亥
甲戌旬	甲戌、乙亥、丙子、丁丑、戊寅、己卯、庚辰、辛巳、壬午、癸未	申、酉
甲申旬	甲申、乙酉、丙戌、丁亥、戊子、己丑、庚寅、辛卯、壬辰、癸巳	午、未
甲午旬	甲午、乙未、丙申、丁酉、戊戌、己亥、庚子、辛丑、壬寅、癸卯	辰、巳
甲辰旬	甲辰、乙巳、丙午、丁未、戊申、己酉、庚戌、辛亥、壬子、癸丑	寅、卯
甲寅旬	甲寅、乙卯、丙辰、丁巳、戊午、己未、庚申、辛酉、壬戌、癸亥	子、丑

※因三傳的天干對吉凶判斷有很重要之作用，故必尋之。**其法是：**看日干在六旬中何旬之內，然後依據日干推出三傳之天干。

※ 如果三傳不在本旬之中，就是空亡。占例時，將遁干寫在三傳的左邊。如果是空亡，就寫一『空』字。

例如：巳月庚午日辰時申將

察微課

辰	戊	武
申	壬	龍
子	甲	蛇

后	合	武	蛇
寅	戌	辰	子
戌	午	子	庚

	陳	合	雀	蛇	
	酉	戌	亥	子	
龍	申			丑	貴
空	未			寅	后
	午	巳	辰	卯	
	虎	常	武	陰	

今庚午日所占之為辰時，故用日貴『丑』，今『丑』又在酉位，故逆行布將。即『子』上寫『蛇』字(螣蛇)。『亥』上寫『雀』字(朱雀)。『戌』上寫『合』字(六合)。『酉』上寫『陳』字(勾陳)。『申』旁寫『龍』字(青龍)。『未』旁寫『空』字(天空)。『午』下寫『虎』字(白虎)。『巳』下寫『常』字(太常)。『辰』下寫『武』字(玄武)。『卯』下寫『陰』字(太陰)。『寅』旁寫『后』字(天后)。

並在四課干上神上也標上十二天將名。如第一課『寅』上標『后』字。第二課『戌』上標『合』字。第三課『辰』上標『武』字。第四課『子』上標『蛇』字。

最後在三傳加上天干與天將名。庚午日要用甲子旬之旬干，因此初傳之『辰』是『戊辰』。中傳之『申』是『壬申』。末傳之『子』是『甲子』。並且『辰』旁要加『武』字(玄武)，『申』旁要加『龍』字(青龍)。『子』旁要加『蛇』字(螣蛇)。

11 五行生剋起例（六親）

五行生剋定名：

有五類。1.父母。2.兄弟。3.妻妾。4.子孫。5.官鬼。

五行生剋起例：

父母。凡生我者為『父母』。

陽見陰╲
陰見陽╱為正印。

陽見陽╲
陰見陰╱為偏印，亦稱梟神。

子孫。凡我生者為『子孫』。

陽見陰、陰見陽爲傷官。陽見陽、陰見陰爲食神。

官鬼。凡剋我者為『官鬼』。

陽見陰、陰見陽爲正官。陽見陽、陰見陰爲偏官，又名七殺。

妻妾。凡我剋者為『妻妾』。為妻財。

陽見陰、陰見陽爲正財。陽見陽、陰見陰爲偏財。

兄弟。凡比和者為『兄弟』。又為同類。

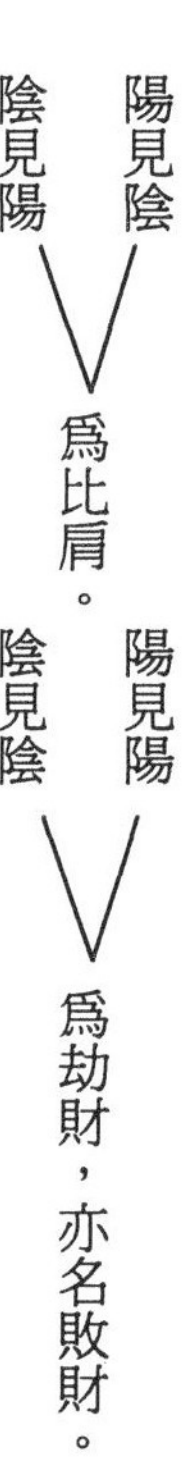
陽見陰
陰見陽
為比肩。
陽見陽
陰見陰
為劫財，亦名敗財。

※六親名詞寫在三傳右邊。並以『日干』為『我』。

六親吉凶判斷：

一、父母

生我之神為父母。是故有下列四個狀況。1.三傳如生日干；或2.三傳合局生日干。3.日干上神生日干。4.支合生日干等等，都主**所占之事得生助而有力**。並主其事須得父母或長輩幫助之力。但父母是『我生』子孫的剋星，所占之事會對子孫不利，恐有災難驚恐之事。尤占子孫之事為大忌。

二、　子孫

凡我生之神為子孫，會洩『我』之元氣。**故下列六個現象為子孫。**1.若日干生初傳。2.日干生三傳合局。3.日干生三傳與干支的合局。4.日干生日干上神。5.日干生日支6.日干生日支合局等，都叫子孫。亦稱洩氣或脫氣。

所占之事主有消耗、失財等災凶，或因子女而耗財、失職等事。因子孫是官鬼(剋我之神)的剋星，故占事要占仕途吉凶或官職吉凶的人，在占卜中最忌逢到，會不吉。若占子女的問題，四課三傳中，再有兄弟相生的人，都十分吉利。

三、　官鬼

凡剋我之神為官鬼。凡下列八個現象為官鬼。1.初傳剋日干。2.三傳合局剋日干。3.三傳與干支合局剋日干。4.遁干(三傳的天干)剋日干。5.干上神剋日干。6.日支剋日干。7.日支上神剋日干。8.支合剋日干等，都稱為『官鬼得權』。**所占之事主有官職(工作)或是兄弟有災。**女人占事逢到，以官鬼為丈夫，占婚姻主吉利。

四、妻財(妻妾)

凡我剋之神為妻財。故下列六個現象為妻財。1.日干剋初傳。2.日干剋三傳的合局。3.日干剋三傳與干支合局。4.日干剋日干上神。5.日干剋日支。6.日干剋日支上神等都是妻財。**所占之事主有經過辛勞、勤奮之後才能得財，或有妻助。**但因妻財是父母(生我之神)的剋神，如果占父母或長輩之事，會有不吉及兇事，要小心。

五、兄弟

凡和我比和之神稱之兄弟。故下列四個現象稱為兄弟。1.初傳與日干相同。2.三傳合局與日干相同。3.日干與干上神相同。4.支合及干合都與日干相同，都稱為兄弟。

所占之事主有兄弟、朋友來爭財、奪財之事。或是妻妾不吉有災。

例如：午月乙亥日卯時未將

妻財	未	后
父母	亥	合
兄弟	卯	虎

貴	陳	虎	后
申	子	卯	未
子	申	亥	卯

	蛇	雀	合	陳	
	酉	戌	亥	子	
貴	申			丑	龍
后	未			寅	空
	午	巳	辰	卯	
	陰	武	常	虎	

此例中：因三傳亥卯未合木局，為日干(我)乙木之兄弟(同類)，故為爭奪激烈之狀。若占家宅，為不寧狀況。如果占懷胎生產，無法受胎。如果占婚姻，主不吉，不成功。如果占外出遠行，會有驚嚇不吉之事。如果占得財，因有未財為發用在初傳，故急取可以賺到，慢了就沒有了。

12 起本命法與起行年法

起本命法：

子年生人，以地盤『子』為本命，丑年生人，以地盤丑為本命。……類推。『命』即是人所受生之年所值之干支。如果生在鼠年，子就是『本命』。亦簡稱『命』。本命為何神，地盤上何神即為『本命』。

年命：

每個人有不同之年命，三傳有一定之吉凶。如果三傳上有財原本很吉利，但年命見官鬼而會成凶。三傳上有官鬼本主凶，但年命上見有子孫反而成吉利之象。年命之關係，十分重要。

起行年法：

行年就是占當事人的流年，每年都不一樣。而且有男女順逆之分。男命行年，不論本命為何神，皆從一歲起丙寅開始，順行。女命行年，不論為何神，皆從一歲起壬申開始，逆行。

※本命和行年皆是六壬課正斷中重要依據，故必先找出來。

男命行年表

51	41	31	21	11	1	歲
丙辰	丙午	丙申	丙戌	丙子	丙寅	干支
52	42	32	22	12	2	歲
丁巳	丁未	丁酉	丁亥	丁丑	丁卯	干支
53	43	33	23	13	3	歲
戊午	戊申	戊戌	戊子	戊寅	戊辰	干支
54	44	34	24	14	4	歲
己未	己酉	己亥	己丑	己卯	己巳	干支
55	45	35	25	15	5	歲
庚申	庚戌	庚子	庚寅	庚辰	庚午	干支
56	46	36	26	16	6	歲
辛酉	辛亥	辛丑	辛卯	辛巳	辛未	干支
57	47	37	27	17	7	歲
壬戌	壬子	壬寅	壬辰	壬午	壬申	干支
58	48	38	28	18	8	歲
癸亥	癸丑	癸卯	癸巳	癸未	癸酉	干支
59	49	39	29	19	9	歲
甲子	甲亥	甲辰	甲午	甲申	甲戌	干支
60	50	40	30	20	10	歲
乙丑	乙卯	乙巳	乙未	乙酉	乙亥	干支

女命行年表

歲	1	11	21	31	41	51
干支	壬申	壬戌	壬子	壬寅	壬辰	壬午
歲	2	12	22	32	42	52
干支	辛未	辛酉	辛亥	辛丑	辛卯	辛巳
歲	3	13	23	33	43	53
干支	庚午	庚申	庚戌	庚子	庚寅	庚辰
歲	4	14	24	34	44	54
干支	己巳	己未	己酉	己亥	己丑	己卯
歲	5	15	25	35	45	55
干支	戊辰	戊午	戊申	戊戌	戊子	戊寅
歲	6	16	26	36	46	56
干支	丁卯	丁巳	丁未	丁酉	丁亥	丁丑
歲	7	17	27	37	47	57
干支	丙寅	丙辰	丙午	丙申	丙戌	丙子
歲	8	18	28	38	48	58
干支	乙丑	乙卯	乙巳	乙未	乙酉	乙亥
歲	9	19	29	39	49	59
干支	甲子	甲寅	甲辰	甲午	甲申	甲戌
歲	10	20	30	40	50	60
干支	癸亥	癸丑	癸卯	癸巳	癸未	癸酉

例如：今年庚寅，來人四十五歲，即自庚寅上起一歲，庚在辰上二十一歲，庚午三十一歲，庚申四十一歲，再就該年逆數，辛酉為四十二歲，壬戌為四十三歲，癸亥為四十四歲，甲子為四十五歲。本命為『甲子』。

例如：庚寅年甲辰日卯時亥將，男四十五歲。本命甲子，行年庚戌。

涉害課

父	子	壬龍
鬼	申	戊蛇
財	辰	甲武

蛇	龍	后	合
戌	午	子	申
甲	戌	辰	子

	空	虎	常	武	
	丑	寅	卯	辰	
龍	子			巳	陰 行年庚戌
陳	亥			午	后
	戌	酉	申	未	
	合	雀	蛇 本命甲子	貴	

六十花甲日三傳課體速查表

甲子日			乙丑日			丙寅日			丁卯日			戊辰日		
幹上子	幹上辰	幹上申	幹上子	幹上辰	幹上申	幹上子	幹上辰	幹上申	幹上子	幹上辰	幹上申	幹上子	幹上辰	幹上申
戌	辰	寅	巳	辰	酉	子	子	申	巳	子	辰	子	卯	亥
申	午	申	丑	丑	丑	未	亥	亥	戌	酉	巳	未	寅	寅
午	申	寅	酉	戌	巳	寅	戌	寅	卯	午	午	寅	丑	巳
元首	重審	無依 涉害	元首	杜傳 始入	重審	知一	比用	重審	重審	嚆矢	涉害	綴瑕	元首	彈射
幹上丑	幹上巳	幹上酉	幹上丑	幹上巳	幹上酉	幹上丑	幹上巳	幹上酉	幹上丑	幹上巳	幹上酉	幹上丑	幹上巳	幹上酉
子	申	寅	丑	寅	寅	戌	巳	酉	卯	亥	酉	子	巳	子
亥	害	酉	戌	卯	未	午	申	丑	酉	酉	亥	申	申	辰
戌	寅	辰	未	辰	子	寅	寅	巳	卯	未	丑	辰	寅	申
比用	始入	知一	始入	元首	重審	始入	自任	始入	無依 重審	涉害	始入	始入	自任	彈射
幹上寅	幹上午	幹上戌	幹上寅	幹上午	幹上戌	幹上寅	幹上午	幹上戌	幹上寅	幹上午	幹上戌	幹上寅	幹上午	幹上戌
寅	辰	戌	亥	申	戌	亥	辰	子	戌	丑	酉	寅	寅	寅
巳	申	午	酉	戌	辰	申	巳	巳	巳	子	子	亥	午	未
申	子	寅	未	子	戌	巳	午	戌	子	亥	卯	申	午	子
自任	元首	始入	始入	重審	無依 始入	嚆矢	始入	比用	重審	始入	始入	元首	別責	始入
幹上卯	幹上未	幹上亥	幹上卯	幹上未	幹上亥	幹上卯	幹上未	幹上亥	幹上卯	幹上未	幹上亥	幹上卯	幹上未	幹上亥
辰	子	午	子	未	卯	丑	辰	寅	未	卯	亥	丑	申	亥
巳	巳	卯	亥	戌	戌	亥	午	申	卯	子	卯	亥	戌	巳
午	戌	子	戌	丑	巳	酉	申	寅	亥	午	未	酉	子	亥
重審	比用	元首	始入	始入	比用	重審	始入	無依 比用	元首	杜傳	涉害	重審	重審	無依 綴瑕

己巳日			庚午日			辛未日			壬申日			癸酉日		
子幹上 巳 戌 卯 比用	辰幹上 寅 亥 申 嚆矢	申幹上 申 申 午 冬蛇掩目	子幹上 辰 申 子 察微	辰幹上 子 申 辰 涉害	申幹上 申 寅 巳 自任	子幹上 寅 辰 午 彈射	辰幹上 巳 丑 辰 無親井欄射	申幹上 午 辰 寅 元首	子幹上 丑 寅 卯 元首	辰幹上 辰 酉 寅 元首	申幹上 巳 寅 害 元首	子幹上 未 午 巳 嚆矢	辰幹上 辰 未 戌 元首	申幹上 亥 午 丑 涉害
丑幹上 巳 亥 巳 無依重審	巳幹上 丑 亥 酉 始入	酉幹上 亥 丑 卯 彈射	丑幹上 辰 酉 寅 知一	巳幹上 巳 寅 亥 元首	酉幹上 戌 未 酉 虎視	丑幹上 亥 丑 丑 別責	巳幹上 酉 辰 亥 涉害	酉幹上 巳 辰 卯 嚆矢	丑幹上 子 寅 辰 重審	巳幹上 寅 申 寅 無依比用	酉幹上 午 辰 寅 元首	丑幹上 丑 戌 未 不虞元首	巳幹上 酉 丑 巳 涉害	酉幹上 巳 丑 酉 元首
寅幹上 酉 辰 亥 涉害	午幹上 卯 寅 丑 元首	戌幹上 申 亥 寅 始入	寅幹上 寅 申 寅 無依涉害	午幹上 寅 子 戌 涉害	戌幹上 申 戌 子 涉害	寅幹上 亥 卯 未 比用	午幹上 卯 亥 未 知一	戌幹上 未 丑 戌 自信	寅幹上 巳 申 亥 彈射	午幹上 午 丑 申 涉害	戌幹上 戌 酉 申 元首	寅幹上 亥 子 丑 始入	午幹上 未 子 巳 比用	戌幹上 午 卯 子 涉害
卯幹上 卯 亥 未 元首	未幹上 巳 申 寅 自信	亥幹上 酉 丑 巳 涉害	卯幹上 戌 巳 子 比用	未幹上 午 巳 辰 嚆矢	亥幹上 酉 子 卯 始入	卯幹上 巳 戌 卯 涉害	未幹上 亥 未 未 別責	亥幹上 申 亥 申 冬蛇掩目	卯幹上 未 亥 卯 重審	未幹上 子 申 辰 重審	亥幹上 亥 申 寅 杜傳	卯幹上 丑 卯 巳 元首	未幹上 卯 酉 卯 無依重審	亥幹上 未 巳 卯 嚆矢

甲戌日			乙亥日			丙子日			丁丑日			戊寅日		
幹上子 午 辰 寅 涉害	幹上辰 辰 午 申 涉害	幹上申 寅 申 寅 無依重審	幹上子 未 卯 亥 見機	幹上辰 辰 亥 巳 杜傳始入	幹上申 未 亥 卯 重審	幹上子 子 未 寅 見機	幹上辰 戌 酉 申 知一	幹上申 申 亥 寅 始入	幹上子 巳 戌 卯 重審	幹上辰 子 辰 戌 冬蛇掩目	幹上申 申 酉 戌 重審	幹上子 子 未 寅 重審	幹上辰 子 亥 戌 比用	幹上申 申 亥 寅 始入
幹上丑 子 亥 戌 比用	幹上巳 申 亥 寅 始入	幹上酉 子 未 寅 知一	幹上丑 丑 戌 未 重審	幹上巳 丑 寅 卯 元首	幹上酉 寅 未 子 重審	幹上丑 申 辰 子 彈射	幹上巳 巳 申 寅 自任	幹上酉 酉 丑 巳 重審	幹上丑 亥 未 丑 無親井欄射	幹上巳 亥 酉 未 始入	幹上酉 酉 亥 丑 重審	幹上丑 戌 午 寅 始入	幹上巳 巳 申 寅 自任	幹上酉 丑 午 酉 虎視
幹上寅 寅 巳 申 自任	幹上午 寅 午 戌 元首	幹上戌 戌 午 寅 始入	幹上寅 酉 未 巳 嚆矢	幹上午 申 戌 子 重審	幹上戌 巳 亥 巳 無依比用	幹上寅 午 卯 子 元首	幹上午 寅 卯 辰 知一	幹上戌 巳 戌 卯 重審	幹上寅 卯 戌 巳 重審	幹上午 子 亥 戌 始入	幹上戌 午 戌 辰 冬蛇掩目	幹上寅 寅 亥 申 元首	幹上午 辰 巳 午 始入	幹上戌 子 巳 戌 比用
幹上卯 辰 巳 午 比用	幹上未 子 巳 戌 比用	幹上亥 申 巳 寅 嚆矢	幹上卯 戌 酉 申 元首	幹上未 未 戌 丑 始入	幹上亥 午 丑 申 重審	幹上卯 丑 亥 酉 重審	幹上未 辰 午 申 始入	幹上亥 午 子 午 無依比用	幹上卯 巳 丑 酉 元首	幹上未 丑 戌 未 自信	幹上亥 酉 丑 巳 重審	幹上卯 丑 亥 酉 重審	幹上未 辰 午 申 始入	幹上亥 寅 申 寅 無依比用

幹上	己卯日	庚辰日	辛巳日	壬午日	癸未日
幹上子	巳戌卯 比用	辰申子 元首	寅辰午 彈射	丑寅卯 元首	巳辰卯 彈射
幹上辰	子酉午 彈射	子申辰 重審	巳亥巳 無依重審	辰酉寅 知一	辰未戌 元首
幹上申	辰巳午 始入	申寅巳 自任	丑亥酉 重審	巳寅亥 元首	卯戌巳 重審
幹上丑	卯酉卯 無依重審	寅未子 始入	申亥寅 始入	申戌子 重審	丑戌未 不虞元首
幹上巳	亥酉未 涉害	巳寅亥 元首	未寅酉 涉害	午子午 無依比用	酉丑巳 涉害
幹上酉	亥丑卯 彈射	午未申 嚆矢	卯寅丑 元首	寅子戌 元首	卯亥未 涉害
幹上寅	戌巳子 重審	寅申寅 無依重審	酉丑巳 比用	酉子卯 始入	申寅申 冬蛇掩目
幹上午	丑子亥 始入	寅子戌 涉害	午寅戌 元首	午丑申 始入	巳戌卯 比用
幹上戌	酉子卯 始入	申戌子 始入	巳申寅 自信	戌酉申 元首	戌未辰 元首
幹上卯	未亥卯 見機	午丑申 涉害	卯申丑 重審	未亥卯 重審	巳未酉 彈射
幹上未	卯子午 杜傳	卯寅丑 元首	寅亥申 彈射	戌午寅 重審	未丑未 無依元首
幹上亥	亥卯未 涉害	寅巳申 彈射	午未申 嚆矢	亥午子 杜傳	巳卯丑 彈射

甲申日			乙酉日			丙戌日			丁亥日			戊子日		
子幹上	辰幹上	申幹上	子幹上	辰幹上	申幹上	子幹上	辰幹上	申幹上	子幹上	辰幹上	申幹上	子幹上	辰幹上	申幹上
午	辰	寅	巳	辰	申	子	卯	申	巳	巳	申	子	戌	卯
辰	午	申	丑	酉	子	未	寅	亥	戌	寅	酉	未	酉	午
寅	申	寅	酉	卯	辰	寅	丑	寅	卯	亥	戌	寅	申	酉
涉害	涉害	無依重審	元首	杜傳始入	元首	知一	元首	始入	重審	元首	重審	重審	知一	嚆矢
丑幹上	巳幹上	酉幹上	丑幹上	巳幹上	酉幹上	丑幹上	巳幹上	酉幹上	丑幹上	巳幹上	酉幹上	丑幹上	巳幹上	酉幹上
子	甲	戌	丑	亥	未	酉	巳	酉	巳	酉	酉	巳	巳	辰
亥	亥	巳	戌	子	子	巳	申	丑	亥	未	亥	申	申	申
戌	寅	子	未	丑	巳	丑	寅	巳	巳	巳	丑	丑	寅	子
比用	始入	比用	重審	始入	比用	彈射	自任	重審	無依重審	彈射	重審	虎視	自任	元首
寅幹上	午幹上	戌幹上	寅幹上	午幹上	戌幹上	寅幹上	午幹上	戌幹上	寅幹上	午幹上	戌幹上	寅幹上	午幹上	戌幹上
寅	辰	子	未	申	卯	亥	亥	申	午	戌	午	寅	寅	巳
巳	申	申	巳	戌	酉	申	子	丑	丑	酉	戌	亥	卯	戌
申	子	辰	卯	子	卯	巳	丑	午	申	申	寅	申	辰	卯
自任	元首	涉害	彈射	重審	無依比用	嚆矢	始入	知一	重審	元首	冬蛇掩目	涉害	知一	重審
卯幹上	未幹上	亥幹上	卯幹上	未幹上	亥幹上	卯幹上	未幹上	亥幹上	卯幹上	未幹上	亥幹上	卯幹上	未幹上	亥幹上
辰	子	巳	申	未	亥	丑	子	巳	未	亥	未	丑	辰	午
巳	巳	寅	未	戌	午	亥	寅	亥	卯	未	亥	亥	午	子
午	戌	亥	午	丑	丑	酉	辰	巳	亥	丑	卯	酉	申	午
始入	比用	元首	嚆矢	始入	比用	重審	始入	無依重審	見機	杜傳	重審	重審	始入	無依比用

癸巳日			壬辰日			辛卯日			庚寅日			己丑日		
申幹上 卯 戌 巳 重審	辰幹上 申 亥 寅 重審	子幹上 卯 寅 丑 元首	申幹上 巳 寅 亥 元首	辰幹上 寅 未 子 重審	子幹上 丑 寅 卯 元首	申幹上 亥 酉 未 涉害	辰幹上 卯 酉 卯 無依重審	子幹上 巳 未 酉 嚆矢	申幹上 申 寅 巳 自任	辰幹上 子 申 辰 涉害	子幹上 辰 申 子 元首	申幹上 寅 卯 辰 元首	辰幹上 子 辰 戌 冬蛇掩目	子幹上 巳 戌 卯 比用
酉幹上 巳 丑 酉 元首	巳幹上 酉 丑 巳 涉害	丑幹上 丑 戌 未 不虞元首	酉幹上 寅 子 戌 元首	巳幹上 巳 亥 巳 無依重審	丑幹上 申 戌 子 重審	酉幹上 丑 子 亥 始入	巳幹上 戌 巳 子 重審	丑幹上 酉 子 卯 始入	酉幹上 辰 巳 午 始入	巳幹上 巳 寅 亥 元首	丑幹上 子 巳 戌 比用	酉幹上 卯 巳 未 元首	巳幹上 亥 酉 未 始入	丑幹上 亥 未 丑 無親井欄射
戌幹上 戌 未 辰 元首	午幹上 午 亥 辰 重審	寅幹上 未 申 酉 嚆矢	戌幹上 戌 酉 申 知一	午幹上 午 丑 申 比用	寅幹上 戌 丑 辰 嚆矢	戌幹上 卯 子 午 杜傳	午幹上 未 卯 亥 知一	寅幹上 亥 卯 未 涉害	戌幹上 辰 午 申 涉害	午幹上 午 辰 寅 涉害	寅幹上 寅 申 寅 無依重審	戌幹上 午 戌 辰 冬蛇掩目	午幹上 子 亥 戌 始入	寅幹上 卯 戌 巳 重審
亥幹上 丑 亥 酉 始入	未幹上 巳 亥 巳 無依重審	卯幹上 未 酉 亥 嚆矢	亥幹上 亥 辰 戌 杜傳	未幹上 子 申 辰 重審	卯幹上 未 亥 卯 始入	亥幹上 辰 巳 午 始入	未幹上 子 未 子 冬蛇掩目	卯幹上 卯 申 丑 重審	亥幹上 申 亥 寅 始入	未幹上 子 亥 戌 比用	卯幹上 戌 巳 子 比用	亥幹上 酉 丑 巳 涉害	未幹上 丑 戌 未 自信	卯幹上 卯 亥 未 涉害

日	幹上	初傳	中傳	末傳	課名
甲午日	幹上子	寅	子	戌	涉害
甲午日	幹上辰	辰	午	申	涉害
甲午日	幹上申	寅	申	寅	無依涉害
甲午日	幹上丑	子	亥	戌	比用
甲午日	幹上巳	申	亥	寅	比用
甲午日	幹上酉	酉	辰	亥	元首
甲午日	幹上寅	寅	巳	申	自任
甲午日	幹上午	寅	午	戌	元首
甲午日	幹上戌	戌	午	寅	重審
甲午日	幹上卯	辰	巳	午	始入
甲午日	幹上未	子	巳	戌	比用
甲午日	幹上亥	申	巳	寅	嚆矢
乙未日	幹上子	卯	亥	未	元首
乙未日	幹上辰	辰	未	丑	杜傳始入
乙未日	幹上申	亥	卯	未	重審
乙未日	幹上丑	丑	戌	未	始入
乙未日	幹上巳	酉	戌	亥	嚆矢
乙未日	幹上酉	巳	戌	卯	比用
乙未日	幹上寅	亥	寅	巳	冬蛇掩目
乙未日	幹上午	申	戌	子	始入
乙未日	幹上戌	戌	辰	戌	無依始入
乙未日	幹上卯	戌	卯	午	冬蛇掩目
乙未日	幹上未	未	戌	丑	始入
乙未日	幹上亥	午	丑	申	重審
丙申日	幹上子	戌	巳	子	比用
丙申日	幹上辰	卯	寅	丑	元首
丙申日	幹上申	申	亥	寅	始入
丙申日	幹上丑	子	申	辰	始入
丙申日	幹上巳	巳	申	寅	自任
丙申日	幹上酉	酉	丑	巳	重審
丙申日	幹上寅	巳	寅	亥	元首
丙申日	幹上午	酉	戌	亥	彈射
丙申日	幹上戌	卯	申	丑	元首
丙申日	幹上卯	丑	亥	酉	重審
丙申日	幹上未	子	寅	辰	始入
丙申日	幹上亥	寅	申	寅	無依比用
丁酉日	幹上子	未	子	巳	涉害
丁酉日	幹上辰	午	卯	子	元首
丁酉日	幹上申	亥	子	丑	比用
丁酉日	幹上丑	卯	酉	卯	無依重審
丁酉日	幹上巳	丑	巳	巳	別責
丁酉日	幹上酉	酉	亥	丑	重審
丁酉日	幹上寅	亥	午	丑	重審
丁酉日	幹上午	申	未	午	彈射
丁酉日	幹上戌	子	卯	午	嚆矢
丁酉日	幹上卯	巳	丑	酉	元首
丁酉日	幹上未	酉	未	丑	杜傳
丁酉日	幹上亥	亥	卯	未	元首
戊戌日	幹上子	子	未	寅	重審
戊戌日	幹上辰	卯	寅	丑	元首
戊戌日	幹上申	亥	寅	巳	彈射
戊戌日	幹上丑	寅	戌	午	嚆矢
戊戌日	幹上巳	巳	申	寅	自任
戊戌日	幹上酉	寅	午	戌	元首
戊戌日	幹上寅	寅	亥	申	元首
戊戌日	幹上午	亥	子	丑	始入
戊戌日	幹上戌	申	丑	午	知一
戊戌日	幹上卯	丑	亥	酉	重審
戊戌日	幹上未	子	寅	辰	始入
戊戌日	幹上亥	亥	巳	亥	無依綴瑕

己亥日			庚子日			辛丑日			壬寅日			癸卯日		
幹上子	幹上辰	幹上申	幹上子	幹上辰	幹上申	幹上子	幹上辰	幹上申	幹上子	幹上辰	幹上申	幹上子	幹上辰	幹上申
巳	巳	丑	辰	子	申	卯	亥	亥	辰	子	巳	丑	酉	卯
戌	寅	寅	申	申	寅	巳	未	酉	巳	巳	寅	子	子	戌
卯	亥	卯	子	辰	巳	未	辰	未	午	戌	亥	亥	卯	巳
比用	元首	元首	元首	始入	自任	元首	無親 井欄射	重審	重審	比用	元首	始入	重審	比用
幹上丑	幹上巳	幹上酉	幹上丑	幹上巳	幹上酉	幹上丑	幹上巳	幹上酉	幹上丑	幹上巳	幹上酉	幹上丑	幹上巳	幹上酉
巳	卯	丑	巳	午	寅	巳	卯	子	辰	寅	戌	丑	酉	未
亥	丑	卯	戌	卯	卯	丑	戌	亥	午	申	申	戌	丑	卯
巳	亥	巳	卯	子	辰	丑	巳	戌	申	寅	午	未	巳	亥
無依 重審	嚆矢	涉害	始入	知一	知一	別責	重審	始入	重審	無依 比用	元首	不虞 元首	涉害	涉害
幹上寅	幹上午	幹上戌	幹上寅	幹上午	幹上戌	幹上寅	幹上午	幹上戌	幹上寅	幹上午	幹上戌	幹上寅	幹上午	幹上戌
午	戌	寅	寅	午	辰	酉	巳	丑	申	午	子	辰	午	戌
丑	酉	巳	申	辰	午	丑	丑	戌	亥	丑	亥	巳	亥	未
申	申	申	寅	寅	申	巳	酉	未	寅	申	戌	午	辰	辰
重審	元首	嚆矢	無依 涉害	涉害	涉害	比用	知一	自信	始入	重審	比用	始入	重審	元首
幹上卯	幹上未	幹上亥	幹上卯	幹上未	幹上亥	幹上卯	幹上未	幹上亥	幹上卯	幹上未	幹上亥	幹上卯	幹上未	幹上亥
未	亥	亥	戌	戌	午	卯	巳	寅	未	戌	亥	未	卯	亥
卯	未	卯	巳	酉	酉	申	未	卯	亥	午	寅	酉	酉	酉
亥	丑	未	子	申	子	丑	未	辰	卯	寅	巳	亥	卯	未
見機	杜傳	涉害	比用	重審	嚆矢	重審	別責	元首	始入	重審	杜傳	嚆矢	無依 重審	涉害

甲辰日			乙巳日			丙午日			丁未日			戊申日		
幹上子 寅 子 戌 涉害	幹上辰 辰 午 申 涉害	幹上申 寅 申 寅 無依重審	幹上子 酉 巳 丑 嚆矢	幹上辰 辰 巳 申 杜傳始入	幹上申 酉 丑 巳 重審	幹上子 子 未 寅 知一	幹上辰 卯 寅 丑 元首	幹上申 申 亥 寅 比用	幹上子 巳 戌 卯 比用	幹上辰 亥 辰 辰 八專	幹上申 申 酉 戌 始入	幹上子 子 未 寅 涉害	幹上辰 卯 寅 丑 元首	幹上申 寅 巳 申 嚆矢
幹上丑 子 亥 戌 比用	幹上巳 申 亥 寅 始入	幹上酉 午 丑 申 比用	幹上丑 丑 戌 未 始入	幹上巳 未 申 酉 彈射	幹上酉 寅 未 子 重審	幹上丑 戌 午 寅 始入	幹上巳 巳 申 寅 自任	幹上酉 酉 丑 巳 重審	幹上丑 巳 丑 丑 無親八專	幹上巳 丑 巳 巳 八專	幹上酉 酉 亥 丑 始入	幹上丑 子 申 辰 始入	幹上巳 巳 申 寅 自任	幹上酉 辰 申 子 元首
幹上寅 寅 巳 申 自任	幹上午 申 子 辰 嚆矢	幹上戌 子 申 辰 涉害	幹上寅 丑 亥 酉 始入	幹上午 申 戌 子 始入	幹上戌 巳 亥 巳 無依比用	幹上寅 子 酉 午 嚆矢	幹上午 申 酉 戌 彈射	幹上戌 辰 酉 寅 知一	幹上寅 酉 辰 亥 知一	幹上午 卯 午 午 八專	幹上戌 亥 戌 戌 八專	幹上寅 寅 亥 申 知一	幹上午 戌 酉 午 虎視	幹上戌 卯 申 丑 元首
幹上卯 辰 巳 午 始入	幹上未 子 巳 戌 涉害	幹上亥 申 巳 寅 嚆矢	幹上卯 卯 寅 丑 元首	幹上未 未 戌 丑 比用	幹上亥 午 丑 申 重審	幹上卯 丑 亥 酉 重審	幹上未 申 戌 子 始入	幹上亥 午 子 午 無依比用	幹上卯 卯 亥 未 元首	幹上未 未 丑 戌 自信	幹上亥 亥 卯 未 重審	幹上卯 丑 亥 酉 重審	幹上未 子 寅 辰 始入	幹上亥 寅 申 寅 無依比用

己酉日			庚戌日			辛亥日			壬子日			癸丑日		
幹上子 未子巳 涉害	幹上辰 午卯子 元首	幹上申 亥子丑 始入	幹上子 辰申子 察微	幹上辰 子申辰 始入	幹上申 申寅巳 自任	幹上子 丑卯巳 涉害	幹上辰 巳亥巳 無依重審	幹上申 午辰寅 元首	幹上子 寅卯辰 知一	幹上辰 巳戌卯 重審	幹上申 午卯子 知一	幹上子 子亥戌 始入	幹上辰 辰未戌 元首	幹上申 卯戌巳 重審
幹上丑 卯酉卯 無依重審	幹上巳 卯丑亥 嚆矢	幹上酉 丑卯巳 元首	幹上丑 申丑午 知一	幹上巳 巳寅亥 元首	幹上酉 亥子丑 始入	幹上丑 巳申亥 嚆矢	幹上巳 午丑申 重審	幹上酉 戌酉申 元首	幹上丑 辰午申 重審	幹上巳 午子午 無依比用	幹上酉 戌申午 元首	幹上丑 丑戌未 不虞元首	幹上巳 酉丑巳 涉害	幹上酉 巳丑酉 元首
幹上寅 亥午丑 重審	幹上午 戌午申 冬蛇掩目	幹上戌 卯午酉 嚆矢	幹上寅 寅申寅 無依重審	幹上午 午辰寅 元首	幹上戌 子寅辰 重審	幹上寅 未亥卯 比用	幹上午 未卯亥 見機	幹上戌 亥戌未 杜傳	幹上寅 午酉子 彈射	幹上午 午丑申 重審	幹上戌 戌酉申 元首	幹上寅 寅卯辰 元首	幹上午 午亥辰 重審	幹上戌 戌未辰 元首
幹上卯 卯亥未 涉害	幹上未 酉未丑 杜傳	幹上亥 亥卯未 始入	幹上卯 戌巳子 比用	幹上未 午巳辰 嚆矢	幹上亥 寅巳申 彈射	幹上卯 卯申丑 重審	幹上未 巳寅亥 元首	幹上亥 丑寅卯 元首	幹上卯 未亥卯 重審	幹上未 未卯亥 見機	幹上亥 亥子卯 杜傳	幹上卯 卯巳未 元首	幹上未 未丑未 無依元首	幹上亥 亥酉未 始入

日	幹上	三傳	課
甲寅日	幹上子	戌申午	元首
甲寅日	幹上辰	辰午申	重審
甲寅日	幹上申	寅申寅	無依重審
甲寅日	幹上丑	子亥戌	比用
甲寅日	幹上巳	申亥寅	重審
甲寅日	幹上酉	酉辰亥	元首
甲寅日	幹上寅	寅巳申	自任
甲寅日	幹上午	申午午	八專
甲寅日	幹上戌	戌午寅	重審
甲寅日	幹上卯	辰巳午	重審
甲寅日	幹上未	子巳戌	比用
甲寅日	幹上亥	丑亥亥	八專
乙卯日	幹上子	未卯亥	元首
乙卯日	幹上辰	辰卯子	杜傳始入
乙卯日	幹上申	亥卯未	涉害
乙卯日	幹上丑	丑戌未	始入
乙卯日	幹上巳	辰巳午	始入
乙卯日	幹上酉	寅未子	重審
乙卯日	幹上寅	亥酉未	涉害
乙卯日	幹上午	申戌子	始入
乙卯日	幹上戌	卯酉卯	無依比用
乙卯日	幹上卯	丑子亥	始入
乙卯日	幹上未	酉子卯	涉害
乙卯日	幹上亥	午丑申	涉害
丙辰日	幹上子	午丑申	重審
丙辰日	幹上辰	卯寅丑	元首
丙辰日	幹上申	申亥寅	始入
丙辰日	幹上丑	子申辰	始入
丙辰日	幹上巳	巳申寅	自任
丙辰日	幹上酉	酉丑巳	始入
丙辰日	幹上寅	亥申巳	嚆矢
丙辰日	幹上午	亥午午	別責
丙辰日	幹上戌	寅未子	重審
丙辰日	幹上卯	丑亥酉	重審
丙辰日	幹上未	申戌子	始入
丙辰日	幹上亥	巳亥巳	無依重審
丁巳日	幹上子	巳戌卯	重審
丁巳日	幹上辰	亥申巳	嚆矢
丁巳日	幹上申	申酉戌	始入
丁巳日	幹上丑	巳亥巳	無依重審
丁巳日	幹上巳	丑亥酉	始入
丁巳日	幹上酉	酉亥丑	始入
丁巳日	幹上寅	酉辰亥	涉害
丁巳日	幹上午	卯寅丑	元首
丁巳日	幹上戌	申亥寅	始入
丁巳日	幹上卯	亥未卯	嚆矢
丁巳日	幹上未	巳申寅	自信
丁巳日	幹上亥	酉丑巳	重審
戊午日	幹上子	子未寅	重審
戊午日	幹上辰	卯寅丑	元首
戊午日	幹上申	酉子卯	始入
戊午日	幹上丑	戌午寅	始入
戊午日	幹上巳	巳申寅	自任
戊午日	幹上酉	寅午戌	元首
戊午日	幹上寅	寅亥申	元首
戊午日	幹上午	寅午午	別責
戊午日	幹上戌	辰酉寅	知一
戊午日	幹上卯	丑亥酉	重審
戊午日	幹上未	申戌子	始入
戊午日	幹上亥	午子午	無依比用

日	幹上	一	二	三	課
己未日	子	巳	戌	卯	比用
己未日	辰	亥	辰	辰	八專
己未日	申	未	申	申	八專
己未日	丑	巳	丑	丑	無親 八專
己未日	巳	丑	巳	巳	八專
己未日	酉	酉	酉	酉	八專 獨足
己未日	寅	酉	辰	亥	知一
己未日	午	卯	午	午	八專
己未日	戌	亥	戌	戌	八專
己未日	卯	卯	亥	未	元首
己未日	未	未	丑	戌	自信
己未日	亥	亥	卯	未	重審
庚申日	子	辰	申	子	元首
庚申日	辰	子	申	辰	重審
庚申日	申	申	寅	巳	自任
庚申日	丑	卯	丑	丑	八專
庚申日	巳	巳	寅	亥	元首
庚申日	酉	亥	酉	酉	八專
庚申日	寅	寅	申	寅	無依 重審
庚申日	午	午	辰	寅	元首
庚申日	戌	子	寅	辰	重審
庚申日	卯	戌	巳	子	比用
庚申日	未	酉	未	未	八專
庚申日	亥	丑	亥	亥	八專
辛酉日	子	丑	卯	巳	元首
辛酉日	辰	卯	酉	卯	無依 重審
辛酉日	申	午	辰	寅	元首
辛酉日	丑	卯	午	酉	彈射
辛酉日	巳	亥	午	丑	重審
辛酉日	酉	丑	酉	酉	別責
辛酉日	寅	寅	午	戌	始入
辛酉日	午	巳	丑	酉	知一
辛酉日	戌	酉	戌	未	杜傳
辛酉日	卯	未	子	巳	涉害
辛酉日	未	午	卯	子	元首
辛酉日	亥	亥	子	丑	始入
壬戌日	子	亥	子	丑	重審
壬戌日	辰	辰	酉	寅	涉害
壬戌日	申	巳	寅	亥	元首
壬戌日	丑	子	寅	辰	重審
壬戌日	巳	巳	亥	巳	無依 重審
壬戌日	酉	午	辰	寅	元首
壬戌日	寅	辰	未	戌	嚆矢
壬戌日	午	午	丑	申	重審
壬戌日	戌	戌	酉	申	元首
壬戌日	卯	未	害	卯	重審
壬戌日	未	未	卯	亥	見機
壬戌日	亥	亥	戌	未	杜傳
癸亥日	子	戌	酉	申	元首
癸亥日	辰	辰	未	戌	元首
癸亥日	申	卯	戌	巳	比用
癸亥日	丑	丑	戌	未	不虞 元首
癸亥日	巳	酉	丑	巳	涉害
癸亥日	酉	未	卯	亥	見機
癸亥日	寅	丑	寅	卯	元首
癸亥日	午	午	亥	辰	重審
癸亥日	戌	巳	寅	亥	知一
癸亥日	卯	丑	卯	巳	涉害
癸亥日	未	巳	亥	巳	無依 重審
癸亥日	亥	未	巳	卯	嚆矢

論斷篇

1 論占時 先鋒門

① **「卒然相遇」稱為「機」**。『自然符合』稱為『神』。六壬學從占時開始發動。由太陽的變化(月將起自占時)，形成天地盤，再成四課，再成三傳。因此占時為發生禍福之根源。故古人以占時為『先鋒門』。

② 凡時為日干之財，更乘旺氣，得吉神良將，上下相生，定主財帛之事順暢。

③ **時為日馬**，若不值天空，不落空亡，定主出入道路，攸往咸宜之事。若馬為日財，主因財出入，發用休氣，主快慢速度。

④ 金日得寅卯時，為日干財，便是為求財事。而正時(占時)所乘之天盤將神為白虎，虎為道路，便是往來出入求財。旺相為新財。休囚為舊財。

⑤ **時為日貴、日德、日祿，又帶財星，定主官貴之財。**或託有官職之人做事獲得福利。

⑥ **占時為驛馬，**上乘貴人吉將，必是動中求功名之事。

⑦ 時為日干三合、六合，主外事和合。若合中帶財，得吉神良將，主獲外財或妻妾和合之事。

⑧ 時為日支三合、六合，主內事和合，或式中見子孫之神，乘旺相氣帶吉神，則主添丁或子孫有和合之事。若支合中帶鬼，上見朱雀、勾陳，主眷屬不合，為內室相爭。上班族得之，主與同僚不和睦。公務員得之，會同事相殘相剋害。

時與日干、日支皆合，主兩動，應內外相和合，不是單一方之事了。

⑨ **時為日之空亡，事主有虛詐之事，**再占也無益處。即便是課式中有三合、六合，上帶青龍、太常、六合、天后等吉將，亦主空歡喜一場。終究是難成功的。唯有占病、占訴訟案，是以時落空為吉事。但仍要

分新病還是舊病。新病逢空主痊癒。舊病逢空則死亡。

※**凡占事見空亡，出旬可成。**訪人不見，託人無效。占失物，其類神落空亡時，很難尋獲，例如鬼官落空亡，雖有仇敵，亦不足畏懼。因其無力。若日干落空亡，雖三傳為鬼，上挾凶神，亦不為害。空亡中見太陰，主虛詐謀諜之事。見玄武，主盜賊竊財。

⑩占時被干沖剋，主外動。占時被支沖剋，主內動，或家宅中輩分小及年幼者有相爭之事。

⑪時為日墓，更在三傳之中，主干涉田土之事，或屬於塋葬之事。

⑫時為日刑，或為日干劫煞，主出入事很快速。

⑬時為日破，主破財走失。

※**占課忌時：**甲乙日申、酉時。丙丁日亥、子時。戊己日寅、卯時。庚辛日巳、午時。壬癸日辰、戌、丑、未時，按五行，即是日鬼。

⑭時為日破，若發用又為日鬼者，課名『天罡』，占疾病、訴訟最凶。若

中、末傳見者，其凶稍緩。

⑮ 若時為日破，上帶吉神。式中見玄武與日幹相合，而為財者，失物可尋回。

⑯ 時為日破，上見凶神，式中見玄武，而所乘之神又剋財爻者，主失物難尋。若玄武在天盤上所乘之神與日為官鬼，又值旺相而為刑剋者，一定主盜賊傷人。如果勾陳為玄武所制，又主捕盜人受傷。

⑰ **自日占得夜時**，主事有暗昧不吉，占病為病重，占訴訟主凶。夜間占課得晝時，則主吉祥好轉。

例如：己丑年，辛未月，癸未日，申時午將占財運(申、酉空亡)

天將	遁干	三傳	六親
貴	辛	巳	妻財
雀	己	卯	子孫
陳	丁	丑	官鬼

空	常	貴	雀
亥	酉	己	卯
癸	亥	未	巳

	雀	蛇	貴	后	
	卯	辰	巳	午	
合	寅			未	陰
陳	丑			申	玄
	子	亥	戌	酉	
	龍	空	虎	常	

此例中，占時與發用初傳均帶財神，且發用初傳又為驛馬。末傳丑雖為官鬼，但遁干丁為日干之財，此皆為動中求財之事。在課體上巳財乘貴人臨未支為發用，且為日德，狀況十分好。可惜干上神亥水乘天空凶將，既剋占時午財，天盤上申位又剋初傳巳財。故外在情勢大好，但此君無利可得。

法雲居士⊙著

『男怕入錯行，女怕嫁錯郎』。

現在的人都怕入錯行。您目前的職業是否真是適合您的行業？入了這一行，為何不賺錢？您要到何時才會有令自己滿意的收入？

法雲居士用紫微命理幫您找出發財、升官之路，並且告訴您何時是您事業上的高峰期，要怎麼才會找到自己有興趣的工作？要怎麼才能讓工作一帆風順、青雲直上，沒有波折？

『紫微幫你找工作』就是這麼一本處處為您著想，為您打算，幫助您思考的一本書。

2 論月將 值事門

①**普通壬課占事，**是以月將加占時做成天盤，再成四課及三傳。都是以神將決其禍福，擇其吉凶，故稱為『值事門』。並且，月將和當月的月令相合，極其強力，能幫忙解決災殃。又因月將是太陽和月令相會之處，又名『天心』。

②月將為值事門，為每月中氣後太陽之躔次。因為太陽所臨，會增吉、散凶、減凶之禍力。其大用與天德、月德相同。

③**月將臨干，有福相助。**月將臨支，可保家宅平安。月將入三傳，為福不淺，有吉神則吉，有凶神則減凶。

④**月將逢空亡，亦不以空論。**因太陽為諸星曜之主，管三旬之事，不會得空。

論年命

①**年命包括『本命』和『行年』，合稱『年命』。**『本命』為『一生之應』。行年為用事之助。每個人有不同之『年命』，故即使課式相同，年命不同，吉凶結果也不同。例如三傳有財本為主吉，但年命上見官鬼，財去生鬼反變為主凶。三傳上有官鬼本來是主凶的，但年命上有子孫，可制官鬼。年命上有父母，亦可化官鬼，反而變吉了。因此，四課三傳上主凶的，**而年命上有子孫、父母有可救助的**，就能轉禍為福了。並且在課體中有神將為吉，而與年命相沖的，也會雖喜而生憂。常常是占課得到相同的課體，論斷就不一樣了，這就是年命不同之故。**年命又稱為『變體門』。**占事吉凶，必須與年命合參才能符合易理。

②**看年命，首先要看天地盤之上下生剋為主。**例如年命亥，天盤上神是酉，

金水相生，主吉。若年命為卯，但下神或上神為申，為金剋木，則凶。**其次看年命上神所乘之天將的五行生剋**。例如：年命午，上神為亥，天將為六合，六合木化水生午火，午火不能算全凶。

年命上神若生年命，上神乘將又生上神，為『恩上加恩』。有更重之吉慶。例如年命為寅，上神為子水，乘太陽、白虎金將，金水木一直相順相生的狀況便是！

③ **年命上有財，問財主吉**。年命逢官鬼，主官司、病痛。

④ 年命上神與太歲相刑，平常人有災憂，公務員主得官。此為取『不刑不發』之意。

⑤ **年命上神乘天乙貴人**，不論常人、做官的人皆吉。但平常人主其橫發。做官的人能得重要官職。若年命上有太歲、吉神，再乘天乙貴人更吉。

⑥ **年命上有月將，可消除一切凶禍**。再乘吉神更驗。若逢凶神凶將，雖可減禍，但不能完全消除。

⑦**年命逢魁罡**，再乘凶將相臨，凶惡更甚。但是若魁罡逢官鬼相臨，則公務員占之，主該年會升官。

⑧**年命上有驛馬、天馬主變動**。要看因何而動，要看其神將而定。倘若二馬乘妻財，主因財而動。乘官鬼，公務員主因升遷而動。平常人則因疾病或訴訟而動。如果乘子孫，因子息或脫耗而動。至於占事的吉凶，則要根據三傳和天將綜合分析才能論斷了。

⑨年命上神有天喜，又乘吉將，所有的事皆吉。年命上有月厭死氣，主有冤家死對頭，有人鬼來相逼。更見血忌，有車馬驚恐之事。

⑩年命上有凶將，以及凶將在三傳上，主有疾病和服藥之事。如果乘登明(亥)，主死於水中。

⑪**年命上臨貴人**，有非常大之喜慶之事。若有凶將剋年命，主有官司之事。年命上有螣蛇，主有驚疑之事。年命上有白虎剋年命，有災，主爭強鬥狠。年命乘死氣，不出一個月便會生病，亦會不超過四十九日便死亡。如果乘金煞(官鬼為庚、酉)更凶。年命乘生氣卻剋命者，有肺

癆、累瘵之疾病。年命上有喪門、吊客、病符，更凶。

⑫ 日干上神與年命上神皆相合者，其年必有吉慶之事。

⑬ 年命上神與月干、日干刑剋者，主有官司、訴訟、驚擾、病災之事。帶官符者，必主爭訟之事。

（官符煞：寅年在午、卯年在未、辰年在申、…順行十二支。）

例如：丙戌年正月甲子日午時亥將（戌亥空亡）

占家庭和樂。本命寅。

父母	子	甲	蛇
子孫	巳	己	常
妻財	戌	空	合

空	蛇	常	合
未	子	巳	戌
申	未	子	巳

	合	雀	蛇	貴	
	戌	亥	子	丑	
陳	酉			寅	后
龍	申			卯	陰
	未	午	巳	辰	
	空	虎	常	玄	

此例中：此為家宅不寧之占。四課上，第一課未土為木墓，又為干上神，被剋。第二課，未之上神子水與未相害。未為眷屬，在天盤上見天空，初傳有子水父母，又加螣蛇繞之，主舊宅家人起訴訟。巳為破碎，為廚灶，乘太常，亦家中有紛爭。本命為寅，與太歲三合，故雖家宅不寧、起訟事，但本年應可安年度過。

3 論日幹日枝 外事門 內事門

①**經云：**日幹為外事門。日枝為內事門。凡占事，以『干』為我，枝為彼方，幹為外，枝為內。幹(干)為動，枝(支)為靜。幹為人，枝為宅。幹為男，枝為女。欲知進退、禍福、順逆、吉凶盛衰之事，不可不注意日干與日支加減所代表之意思。

②**凡日枝加干生干**，主他來就我、助我。支加干被生，主他來就我、洩我。

③**凡干加支生支**，主我就他而洩我。凡支加干剋干，主他來就我、欺我。

④**凡干加支受剋**，主我就彼而受欺。凡支加干受剋，主妻財就我。凡干加支剋支，主我就妻財。

⑤**凡支加干比干**，主他就我、培我。干加支比支，主我就他培他。

⑥ **凡支加干合干**，主他就我和我。干加支合支，主我就他和他。

⑦ **干上神合支**，枝上神合干，主他我和好。占交易、占婚姻主合和。占訴訟、官司、占病，主不吉。

⑧ **干上神生干**，大吉。干上神剋干，大凶。

⑨ 凡干生上神，虛耗百出。若占子孫之事，三傳旺相的，反主子息前程遠大。若占胎產，易生易養，可產良善之子。干剋上神，阻隔重逢有抑塞。干上神生支，枝上神生干，或干支各受上神生者，主他我皆利。干上神剋支，支上神剋干，或干支各受上神剋者，主他我相傷害。干上神洩支或支上神洩干，或干支各受上神洩者，主我洩他，他亦洩我。主人宅均受損。占合夥，為兩敗俱傷。

⑩ 干上見支旺，支上見干旺，或干支各見旺神者，主靜中得福，動必招損。

⑪ 凡干支上皆乘墓，終日昏昏，彷如醉夢。人宅皆主昏昧不通。干支皆

坐墓位之上，其人會自暴自棄，人為鄉愿，甘受其辱，住宅甘願任人作踐。

⑫ **凡干上神逢敗氣(沐浴)**，主其人身體衰弱、家宅敗壞、心灰意懶。干上神值絕神，主生意索然，只適合了結舊事，除舊佈新，才會有生氣。

(絕神：金絕於寅、木絕於申、火絕於亥、水絕於巳。)

⑬ **干上神逢死神**，有眉睫之禍，只有停止不動為佳。

(死神：木死於午、金死於子、火死於酉、水死於卯。)

⑭ 凡干支上見刑剋沖害，為主客不投緣，各懷鬼胎、嫉妒。刑害有別，丑未刑、寅申刑為刑且散。若寅巳刑、子卯刑、巳申刑，刑中有生，雖刑終成。干支上值空亡，為鏡花水月，勞而無功之事。

⑮ **凡干上課不足，主其人形容憔悴**、舉止乖張。支上課不足，主其人有陰私災晦及家宅衰退。此為『別責不備課』，陽日逢之是辰上不備。陰日逢之，是干上不足。

⑯ **干上神生支，支上神生干，名『交遞相生』**，主賓主相得，雙方均得利。最適合合夥做生意。日上神生日、支上神生支，主人宅均安。

⑰ 干支上神互見或各見帝旺，為羊刃，為極盛時期，要保持這種形勢則吉，一動必有災悔。

⑱ **干上神為『日祿』，又為『日馬』**，只有甲庚二干有，餘干皆無。有甲子、甲申、甲辰三日干上見寅，庚午、庚寅、庚戌三日干上見申為是。此六課皆伏吟課，都是日祿、日馬發用。並且，祿馬又為日德、吉神集於一身，再乘吉將，必有升官、出名之吉事。

⑲ **干為我、支為彼，日祿臨支**，為我祿就彼，必受其牽制。主做官者會換職務。平常人會奔走及還居，凡占此會受屈辱。

⑳ 日干為陽干，又為德神，又為干祿，如此主吉慶。陰干己、辛、乙、丁見德神為官星，癸見己德為財，及己見申、丁見亥、癸見己都是貴神。若日干居旺相之位，三傳也吉，必有大貴顯之事。即使三傳帶凶，有德神臨干，雖無大貴，亦無大礙。

㉑ 日上神與辰上神做六合，占交易、婚姻主吉，占訴訟、占病主敗散、不吉。

㉒ **干為尊、支為卑**，支臨干受干剋，為日財。主尊長得財，卑幼受剋，故不利卑幼。

㉓ 日臨辰、辰臨日，俱比和乘吉將，凡占皆吉利。比和、同類，如兄弟、比肩、劫財之屬。如甲乙寅卯。日干加支、日支加干，均為同類，只有甲寅、庚申、己未三日(為伏吟課三課)。『甲寅』及『庚申』為日祿，又為日德，臨日干，又臨日支，且干支同心，故凡占皆主吉利。

例如：正月己卯日卯時亥將　占工作運(午未空亡)

官鬼	卯	己	合
妻財	亥	丁	后
兄弟	未	空	虎

合	后	后	虎
卯	亥	亥	未
己	卯	卯	亥

丑	寅	卯	辰
子			巳
亥			午
戌	酉	申	未

此例中：此課體為『亂首課』。日支卯木加干剋干，『上門亂首』。三傳又合木局，亥為寅月之月將，木氣正旺，剋干最烈。此課官星乘旺臨干，亥財遁干丁未生官，故找工作迅速，且顯貴，主大吉。

此課不宜占病、占訟事、占婚姻、占財、占失物、占生產，主大凶。

※**『上門亂首』：**十干中各有一課，甲申日干上申。乙酉日干上酉。丙子日干上子。丁亥日干上亥。戊寅日干上寅。己卯日干上卯。庚午日干上午。辛巳日干上巳。壬辰、壬戌日干上辰戌。癸丑、癸未日干上丑未。

4 論四課

① **第一課為日之陽神。第二課為日之陰神。第三課為辰之陽神。第四課為辰之陰神**。陽神用來占表象，看得見的事物。陰神用來占隱藏支事物。

凡占事以陽神為主，陰神為次要。

② **四課全備的**，占事主吉利、正當、順利、容易。**四課不全的**，主不吉、事不正、不順、逆而難成。

③ **四課上見相生、相合**，有德神、祿神、旺相的，主吉。四課上見相剋、相害、有刑、沖、天空、旬空、八墓者，主凶。

5 論三傳

①**三傳從四課中發出，三傳為用、為主，四課為體、為次。**若三傳吉，四課也吉，諸事皆吉。三傳凶，四課亦凶，必有凶禍。三傳吉，四課凶，有小疵無大礙，占事仍可成。若三傳凶，四課吉，諸事不成。即便干上神生干，只可守成，無進展。

②**三傳中，初傳為發事端。中傳為事之進行。末傳為事之結果。**若初傳凶，末傳吉，稱為『有解』。事會開始難終有成。若初傳、末傳吉，中傳凶，主事有阻礙，但終有成。若初傳、末傳為凶，而中傳吉，主其事開始及結果皆無成，中間雖努力，或有好轉，但功虧一潰。

③**初傳為『發端門』為人心事之發端，為占事之先機，也稱『用神』。**若初傳逢旺相，能得名利。若初傳值休，主疾病。若值囚，主刑罰、受辱。

④ 初傳乘吉將，或與初傳同類，例如初傳為丑，乘貴人。或初傳為寅，上乘青龍等，主喜上加喜。

⑤ 初傳乘凶將，與初傳同類。例如初傳為申，上乘白虎。或初傳為巳，上乘螣蛇等，主凶中不凶。

⑥ 初傳見太歲，中傳、末傳見月將或日辰，主有移遠就近之象，事宜速決。

⑦ 初傳為官鬼，乘朱雀，無救神出現，主火災。宜加強防範或遷居。

⑧ 初傳為螣蛇，乘戌臨支且為墓支，主家有病人。更帶死氣，會有死喪之事。

⑨ 初傳為天空、丁馬為發用洩干，主受人欺騙、財物耗損。

⑩ **初傳為官鬼並金神乘白虎為發用，**主有刀兵之災，宜避之。倘若初傳有螣蛇帶鬼，兼殺刃一起做發用，加在干上亦主有兵刃之災。

⑪ 初傳為白虎帶死氣，空亡做發用，來剋干或年命，占病會死。

⑫初傳為太常為鬼，帶劫殺為發用，並帶死神、死氣，主服毒而亡，或因酒食招災生病。

⑬初傳為螣蛇乘木鬼為發用，帶死神、死氣或索神，有縊死之凶。若加支上或剋支，其家中會有此厄。

⑭支上神為火，剋支發用做初傳，帶破耗，主家運不吉，及家財耗散。支上神乘螣蛇發用，帶死氣、死符，家內有死人。刑支更甚。

⑮**貴人加支做發用初傳，旺相者主家庭富裕**。休囚者，主兩姓同居。朱雀帶煞臨支做發用初傳，主非兄弟同居，即兩姓同居。

⑯初傳為申金臨支乘朱雀作發用初傳的，加臨卯、酉，主家人有手足之傷。以六親來斷，若為財的，主其妻妾會受傷。若為子孫的，是其兒女輩會受傷。

⑰初傳為朱雀乘辰戌加支為發用者，會有官司及是非纏身。

⑱**初傳為六合帶德神臨支為發用者**，占胎產會生雙胞胎。

⑲初傳為勾陳乘貴神加支作發用者，主因建造房產而導致損失，或人口減少。

⑳初傳為天空乘巳臨支作發用者，主其家室破損，家人不和。

㉑初傳為白虎乘申、酉臨支作發用者，主家中有女人生病或亡故。

㉒初傳為天后乘辰、戌臨支作發用者，主會女人當家做主，或妻有災咎。

㉓初傳為六合帶鬼臨支作發用者，主與他人有私通之事。

(支為宅，若占家宅或家內之事，依前論，若占彼此之事，則以彼論我)

㉔**中傳為『移易門』**。中傳為應事之中間一段。若中傳吉，初傳凶，可以從凶轉吉。若初傳吉，中傳凶，亦會由吉變凶，故稱之。

㉕初傳生中傳稱為『母傳子』，主順利。中傳生初傳稱為『子傳母』，主逆。

㉖**中傳逢空亡，稱為『斷橋』。又稱為『折腰』**。主所占之事半途而廢，中途無路可走。

㉗ **末傳為所占事之結果，稱為『歸計門』**。發用在初傳，決事在末傳，最為重要。

㉘ 末傳剋初傳稱為『終剋始』，主可萬里遠行，亦能不被水溺，不被火燒，占病可恢復，災咎能終止。若『終剋始』再逢相破、相害之神加臨，則會有阻礙不吉。

㉙ 末傳最忌有空亡，主占事無結果。主占凶事亦不成凶。

㉚ 初傳為日之長生，末傳為日墓，主有始無終。初傳為日墓，末傳為日之長生，主占事先難後易。

㉛ 初傳凶，中傳及末傳吉，能解之。初傳、中傳凶，末傳吉，亦能解之。三傳皆凶，行年吉，亦能解之。若三傳、行年皆凶，就不能解也。

㉜ 三傳上的神將，若天將(十二天將，貴人、螣蛇…)剋神(干上神或支上神之屬)主為外戰，憂輕，雖剋害凶但可解。神剋天將為內戰，憂重，雖吉有災咎。

33 **三傳皆逢空**，占推事無一實在。若有兩傳逢空，一傳實在，卻有天空，亦屬三傳逢空之象。如果初傳、中傳逢空，則以末傳為主斷事。如果中傳、末傳逢空，則以初傳為主斷事。三傳中有兩傳逢空，不論那一傳為踏實者，皆以此傳來論吉凶。

34 **三傳自干上發用為初傳，末傳亦是支上神者，稱為『朝支格』**。占事主我去求人幫忙，做事不自由。如果神將吉，仍算吉。

● **三傳若自支上發用作初傳，末傳又為干上神者，稱為『朝日格』**。主他人託我幫忙做事。若三傳與干上神吉，事易成，成功不用求便自來。

● 倘若三傳皆凶，干上神亦凶者，會有不測之禍。

例如：丙寅日，干上午，三傳為『辰巳午』。以及壬寅日，干上戌，三傳為『子亥戌』。這些是『朝支格』，主俯就於人，不得自由。

例如：甲午日，干上辰，四課是辰甲、午辰、申午、戌申，三傳『辰午申』。辰土乘六合作發用為初傳。下坐寅木，是辰財受剋之象，為甲

木傳於死地，末傳申金官鬼乘白虎凶將，初傳辰財助鬼，此課除占考試功名為先難後易之外，其他占何事都凶。例如外出者不回，以及生病者會死。

●丁亥日、干上酉，三傳『酉亥丑』。**酉為晝貴人，亥為夜貴人。**丑土乘太常吉將臨干，占事大多皆吉利，占考試、升官有陰陽二貴。並有丑土太常印綬臨干支，定主吉慶之事。但財破貴人，引入絕地，主其不利與貴人交易。

●庚寅日，干上午，三傳『午辰寅』，為『顧祖格』。末傳寅財助鬼，支助日鬼，會反害尊長。占事皆不吉，占病訟更凶。

㉟凡三傳，離不開干支者，占事主求物可得，謀事順遂，遠行之人會歸，賊偷逃不掉。

㊱三傳離不開四課，稱為『如珠走盤』。主謀事可成。有吉神則吉。有凶將則凶。不可占病。三傳離日干遠者，主事難成，只有躲避災難，但

占訟事可退回。

※**天干以天盤論，日期以地盤論遠近。六位內為近。六位後為遠**。例如庚寅日辰時卯將占，三傳『子亥戌』，庚寄申宮，加於酉上，三傳子亥戌與日隔二、三、四位為近。若三傳中二遠一近，則論遠。二近一遠，則論近。

㊲**三傳日辰互換三合，次第相連**，主占事翻來覆去，不易有結果。外面有三傳為三合，又為日干全脫、全生、全鬼、全兄弟，都要看天將的吉或凶，以及五行剋制如何。倘若全鬼為凶兆，而年命、日辰上有子孫，則可剋制官鬼了。『脫氣要見父母，全生不可見財』。

※用父母生干剋制脫氣之凶(洩氣之凶)。另外，**財為父母之忌神**，三傳上逢到全生，干上有財，財會剋生干之神，故說『全生不可見財』。

㊳三傳和日辰上下皆相合，是不可妄動的，要找出日月沖破才能動。更要看三傳的吉凶如何，大多是三傳有吉神吉將，只宜相合，忌沖剋。

有沖剋則無吉。若三傳有凶神、凶將，卻喜沖剋，主沖掉凶、使之散。

㊴ **三傳生日干，主萬事皆吉**。占訴訟官司，會減輕。即使沒理也不致於遭受凶險。生我者父母，此占除了父母剋子孫，占子息之事外，其他都吉。即使占凶險之事，也可化解。

㊵ **三傳剋日為最凶**。一、是干上神或年命上神沖剋三傳上的官鬼。二、是干上神或年命上神為子孫，會剋制官鬼。三、是年命上神或干上神為父母，能化鬼生干。第一及第二種不為吉，但可免災。倘若占功名考試則運凶。第三種可化禍為福，化凶為吉。若占考試屬於速得而能貴顯的。

例如：己卯日寅時辰將占事，其三傳為『亥丑卯』，第四課為未己，湊足亥卯未三傳合木局，干上酉金為子孫當旺，沖剋卯之官鬼。

再例如：乙酉日巳時丑將占事，三傳為『巳丑酉』三合金局。為鬼剋干，干上子水化官鬼生身之類的皆是。此類占考試能速得貴顯。

㊶

三傳為盜氣，只宜退散，占事不成，主凶，更要小心失物。如果再有螣蛇、白虎、天空、亡神等凶神，則主其人所託之人不得力，官司會反反覆覆不順利。

例如：壬辰日戌時寅將占官司之事（午未空亡）

官鬼	未	空	雀
兄弟	亥	丁	空
子孫	卯	辛	陰

陰	雀	合	虎
卯	未	申	子
壬	卯	辰	申

	陳	龍	空	虎	
	酉	戌	亥	子	
合	申			丑	常
雀	未			寅	玄
	午	巳	辰	卯	
	蛇	貴	后	陰	

此例中：初傳為未土官鬼加卯為發用。卯為門戶，主門戶動搖。上乘

朱雀凶將，因文字起訴訟。中傳亥水乘天空，則因詐欺之事而起。壬辰為甲申旬中，以午未空亡，會逃亡。末傳為卯木乘太陰，臨日干，辰上見申金傳送，天將得六合，能遠逃。

※干上神脫干、支上神脫支，三傳合木局脫干，為託人不得力，事情反覆，賊難尋獲。

㊷ **三傳遞生剋日干，而日干又生三傳**，譬如戊寅日，干上神為寅，三傳『寅亥申』之類，主其人苦盡甘來。

●另一種是初傳為日之長生，三傳又遞生剋日干，譬如庚申日，干上神為巳，三傳為『巳寅亥』之類，主樂極生悲。

㊸ 三傳及日辰全逢下賊上者，毫無和氣，訴訟必加刑罰，生病必死。占事必有家法不正，以致有紛爭。

※四課及三傳皆為下賊上者，為『絕嗣無祿格』。萬事皆凶。

例如：庚申日丑時申將占旅行吉凶（子丑空亡）

父母	戌	壬	合
官鬼	巳	丁	常
子孫	子	空	蛇

陰	合	陰	合
卯	戌	卯	戌
庚	卯	申	卯

	蛇	貴	后	陰	
	子	丑	寅	卯	
雀	亥			辰	玄
合	戌			巳	常
	酉	申	未	午	
	陳	龍	空	虎	

此例中：干為男，支為女，庚寄申宮，申金坐丑上，丑土又為空亡，因男女干支進入空墓之地。中傳巳火為官鬼劫殺，遁丁為馬刑剋支干。末傳子水為干支死地，加巳，是死加於生，並且壬戌加卯為發用初傳，

是河井相加，卯被干剋，主車船破壞，有沉溺破舟之虞，被盜而亡，不吉。

㊹

三傳有被日干夾定居中，例如己酉日第二課，三傳為『戌午申』，日干己土寄未宮，未酉夾申，末傳申金為干支挾拱，此為『干支挾拱三傳』。此例中，初傳成為日干己之墓，中傳午為日干己之祿，末傳申金為脫氣，是中傳吉、初傳及末傳凶的狀況。凡占事會有停滯、驚惶不吉之象。

另有庚午日第二課，干上一課未庚，支上一課巳午，三傳為『午巳辰』，**干支上神巳未挾拱初傳午火**。此例中，干上未為日干庚金之父母，且乘夜貴，支上巳火為支午之祿，主人宅皆興旺。且午火乘青龍作官星為初傳發用。中傳為長生加官星，末傳辰土為父母六合吉將，課傳皆吉，故前程大好。

6 論發用

① **三傳極重發端。發端即發用**，可左右四課之吉凶禍福，力量甚大。

② 凡發用之用神在第一課，或第二課者，主外面之事。**如果有天乙貴人順行**、用神在貴人之前，不管事情是吉是凶，皆主發生迅速。用神在第三課、第四課者，**如果有天乙貴人逆行**，而用神在貴人之後的，不管事情是吉是凶，皆主事情發生得慢。

③ **用神在第四課者，稱為「驀越」**，占事主驀然而至。

④ **發用逢上剋下者**，主家中卑小年幼之人有災。有災事是從外面而來的。此占利於男子，有利可得。

⑤ **發用逢下賊上者**，主其家中尊長有災禍不吉，災禍是由家內而起的，此占對女子有利，利於有後應。

⑥**發用逢上剋下，而天盤又剋天將**，例如天盤之子寅剋螣蛇、勾陳之類的，稱之『內戰』。極憂，會事將成而被人擾亂不成。

⑦**發用逢下賊上，而天將又剋發用者**，如白虎、太陰剋寅卯之類，稱為『逼迫煞』。主其人身不自由，受人驅策，或被人挾持勒索。如果夾財神，必會錢財不能自主而耗費。

⑧**發用逢日之財神**，主其事之主因為求財。發用逢日之官鬼，主其人會動輒得咎。發用逢脫氣，主事情屬子孫之事。發用逢日之相比，主事情屬於朋友、兄弟之事。發用逢日之印神，主事情有生機蓬勃之象。

⑨發用剋日干，主其人身陷危難，或和長輩、上司有官司訴訟。

●發用剋日支，主有家宅不寧現象。發用剋時，主有驚憂之事不斷來。

⑩發用剋末傳，主做事有頭無尾，先易後難。

●發用剋年命，主做事萬事不成。

⑪發用逢長生，主謀事可發達。倘若長生又臨墓地！則主舊事雖已斷，

但又恢復繼續。

⑫發用逢敗地、死地，主事情必會毀壞不吉。

⑬發用逢墓庫，主事情多延後遲發。如果占失物，會在。如果占外出之人的歸期，以及占舊事皆主凶。

⑭發用為有刑剋、沖剋、相破、相害之狀況，主事情多逢險惡，很少會有收成。發用有空亡，占事不成功，如果找工作，出一旬可有希望。但如果託人辦事，要防會遭到詐騙。

⑮**發用逢旺相**，占事則能獲利得名聲。**發用逢休囚**，主要防災禍，防官司訴訟，或是有其他的死氣，主有喪失權利或失物。要謹防煩惱。

7 論遁幹

①四課三傳中，除日干外，都是支神展現。支常靜止不動，遁干會經常變動。吉凶禍福便存於其中。

遁干有兩種：一為旬遁，是以本旬天干加其支上。例如：辛亥日，初傳午，辛亥居甲辰旬中，至午天干為丙，故午火遁丙。

另一種是五子遁：以當天占時為准，來推定三傳的遁干。例如：辛亥日午時占，用五子遁法，子時遁戊，即戊子、己丑、庚寅、辛卯、壬辰、癸巳，至午遁干為甲，午火發用，其遁干為甲木。

②**甲**為所有數之開始，在萬物之上為先尊。**占到甲的**，多主改革舊的，推崇新的，會小心計劃，改變運用。占到乙的，乙為日之精華，丙為月之精華。**乙丙所到之處**，凶惡會藏匿消失，故占婚姻時可成。占家

宅得到乙丙，也為安寧。如果占盜賊得此占，會不吉。此占利明不利暗。**丁為玉女**，為星精。能變化、能飛騰、能通靈。因此占逃亡之事而得此課，能遠逃藏匿。盜匪賊寇得此占，能潛藏。占婚姻得之，有奸淫之事及秘密訂約。占疾病、官訟得此占，會有冤難伸，病重不好，看不到利益。又言丁主動，乘螣蛇、天馬，則主遠行或逃走。乘白虎、太常主有憂傷。乘太陰、天后，則主女人離開。乘天空主奴婢逃走。乘玄武，則主盜賊遁逃。乘朱雀，主有遠方來之消息。乘勾陳，主有兵亂、戰爭發生起來。乘青龍，則主得大丈夫之志，可施展抱負。乘六合，則家中子孫有遠行之事。

戊為陰伏隱遁之象，最利於逃亡遠行。

己為六陰之首，只宜保守及靜觀其變。

庚辛主肅殺之氣，有動態必有死傷。只適宜捕捉漁獵，及捕捉盜賊。

壬為天一生水，**為五行之始**。壬寄位於乾，為八卦之始，因此易以乾

為開始首要。課體以壬為名、為六壬課。這也是以此為萬物之始祖，為『動』之先機。如果占事占到『壬』，要先觀察其動機萌芽之始而再考察行動。行動時便可勇敢而為之。

癸為數之終，向下效法大地，象徵主安靜。如果占到此字主事情貴在隱藏，要靜伏，不能張揚。

以上乃十干大義，要會通四課、三傳、年命來斷定。

③ 十干之意，只以生剋來論，即『我剋者為妻財，剋我者為官鬼，生我者為父母，我生者為子孫，同類者為兄弟。』至於看吉凶，要以占事為何而論之。例如：甲日占事，遁干庚辛為官鬼，倘若是公務員占官運則吉。如果占其他的事則主凶。

④ 三傳之神為主事明顯，遁干為主事暗昧。

8 論空亡

① 甲子旬中，戌、亥為空亡。甲寅旬中，子、丑為空亡。甲辰旬中，寅、卯為空亡。甲午旬中，辰、巳為空亡。甲申旬中，午、未為空亡。甲戌旬中，申、酉為空亡。以十干分別統領各支，甲子旬至癸酉止，遺留下戌、亥二支，不在統領之內，故稱空亡。其他旬也是如此。

② 干支皆以日幹為主，日干失時在死、休囚之位為真空。得時(在旺相之位)為半空。

③ **四課及三傳為吉，而日干之神為真空**，則吉度會減少至十分之七。如果日干之神為半空，則吉度會減少至十分之三。日干逢凶神為真空，則其凶險會減至十分之七。日干逢凶神為半空，則凶險會減少十分之三。**假若課體中有生扶及比助的話，真空就會類似半空**。而半空也會吉凶照舊。

④課傳及日干之神逢空，又逢神剋，則若是半空，則和真空相同。若是真空，則俱無吉凶可言了。

⑤**陽日空陽，陰日空陰**。例如：甲子日為陽干，則以戌為空亡。若為乙丑日為陰干，則以亥為空亡。

⑥**空亡因干不循支，孤立無援**，天地之氣不能相接，故空虛無力。財祿逢空亡則求財難，無財。官星逢空亡，則求職艱難，或因事失職。**十惡大敗日：**甲辰日以寅為空亡。乙巳日以卯為空亡。壬申日以亥為空亡。丙申、戊戌日以巳為空亡。丁亥、己丑日以午為空亡。癸亥日以子為空亡。庚辰日以申為空亡。辛巳日以酉為空亡。**此十日因為日祿空亡**，故稱之。逢此十日占事，會無財祿，占工作、事業，會無薪水俸祿，皆不吉。除非課傳中有相生之神為逢生，可化凶為吉。

⑦**天盤為空亡，而地盤實在，稱之『游行空亡』**，其凶還有七分之多。地盤為空亡，因坐而無實，稱為『漏底空亡』。又稱『真空』。有十分凶。

⑧ 課傳中如有吉神、吉將，會生我、對我有益者，皆不能逢空亡。如有凶神、凶將會賊剋沖害我的，就都喜歡逢空。

⑨ 以占課而論，凡有太歲、月將、月建、行年、本命逢空，皆不以空論。只有時逢空亡，則事情會不成功。從日干看，地盤不以空論，天盤仍以空論。例如：甲子旬內之壬申日，有壬祿在亥，地盤亥不算空，而天盤之日祿則論空了。

⑩ **干為我，支為彼(為對方)、為宅**。干支上神皆空亡，占事為毫無誠意，也無實象，凡事皆敗散。如果占病，卻主新病可痊癒，而久病者易危。

⑪ 課為『進茹課』，三傳中有中傳和末傳為空亡，主占事會呈反面效果，宜後退步進行。如果課體為『退茹課』，有中傳和末傳空亡，占事主宜前進，或儘速進行。

⑫ **如果在占斷父母、長輩之事時**，課體或三傳上有父母空亡，主其父母和長輩有不安之事。如果占父母、長輩之疾病者，主病危。

⑬ **如果在占斷事業或考試時**，逢官星及妻財空亡者，則是無謂的消耗太多，或是收支、錢財流動受阻而不吉。

⑭ **占事時有脫氣之神(洩神)逢空亡**，主能不洩我氣，主吉。此事占子息、生產小孩則凶，亦或有養子來繼承。

⑮ **占財產時**，有妻財逢空亡，主家中有懷孕生子之喜事。

⑯ 三傳中，初傳空而末傳實，主其事為先無力而後成。若初傳實而末傳空，主最終無結果。若中傳空亡，稱為『折腰』或『斷橋』，主半途而廢。如果占婚姻有妻財做發用初傳，而中傳、末傳為空亡者，主夫妻會離別，不能白首。

⑰ **四課中空亡多**，主有名無實。例如：乙巳日干上寅，第一課『寅乙』，第二課『子寅』，第三課『卯巳』，第四課『丑卯』。乙巳日居甲辰旬，為寅卯空亡。四課不是旬空即是落空，無意義、占事皆不成。

⑱ 空亡之神乘天空，即使其神為吉為旺相，占事仍不實在，如鏡花水月

消失不得。要等填實之後，才能實現。

⑲ **初傳為本旬空亡**，中傳為下旬空亡，末傳為後旬空亡。此種稱為『腳踏空亡』，不論吉凶，皆主虛張聲勢。

⑳ 三傳合成鬼局(官鬼合局)，有兩傳皆空亡，而實神為妻財時，主其人所得之財為危險之財，夾以官非猝起。

㉑ **三傳相遞相生，但逢空亡**，占功名事業之事，主他人雖有荐舉之心，但無實際行動。

㉒ 初傳為空亡，但居長生旺地，占事主行事雖不成功，但可東山再起。若乘太陰，主雖有機會，終不成遭廢止。

㉓ 課傳中有官鬼作空亡，並帶驛馬、丁神、主有人逃亡或離家出走，或是有子孫過繼給人家之事。

㉔ **初傳發用為官鬼又入空亡**，主其人無依無靠會孤單過一生。

如何用偏財運理財致富

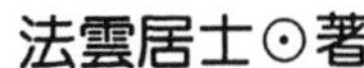

偏財運會創造人生的奇蹟，

偏財運也會為人生帶來財富，

但『暴起暴落』始終是人生中的夢魘。

如何讓暴發的財富永遠留在你的身邊，

如何用一次接一次的偏財運增高你的人生格局。

這本『如何用偏財運來理財致富』就明確的提供了發財的方法和用偏財運來理財致富的訣竅，讓你永不後悔，痛快的過你的人生！

9 論五行生剋定名

①五行生剋之定名為『生我者為父母。我生者為子孫。剋我者為官鬼。我剋者為妻妾。同類者為兄弟。』

②《畢法賦》云：『財爻現卦，必憂父母』。例如庚辛金日，以木為財爻，土為父母。若三傳中，木多剋土，因此必憂父母。又云：『父母爻現，必憂子息』。金為子息，若三傳中，火多剋金，因此必憂子息。又云：『子息爻現，必憂官事』。例如丙丁火日，以土為子息，水為官星，若三傳中土多剋水，因此必憂官事。又云：『官鬼爻現，必憂己身及兄弟』。例如甲乙木日，以金為官鬼，木為己身及兄弟。若三傳中，金多剋木，因此必憂己身及兄弟。又云：『同類現卦，必憂妻妾及耗財』。例如壬癸水日，以水為同類，火為妻財。若三傳中，有水多剋火，因此必憂

妻妾及耗財了。雖然日、辰、年命上有剋制之神，也易化險為夷，能不擔憂。但如果木多剋土，則用金來剋制木。若火多剋金，則用水來剋制火。土多剋水，則用木來剋制土。金多剋木，則用火來剋制金。水多剋火，則用土來剋制水。

③

五行生剋是以生我者為扶助。盜我者為脫氣耗洩。剋我者為官司訴訟。我剋者為財利。以同類兄弟為劫財、耗財。

10 論十二天將

①**要看六壬課中之吉凶，全靠五行生剋的方法來斷。**想要知萬事否泰，要靠貴神。神將自身各具五行，而斷課體吉凶，以所乘之神為主。若貴人本來屬土，若乘神后，則以水論之。必須看其所乘之神及所臨之地來看該從何五行。

②**十二天將之五行：**貴人屬己丑土。螣蛇屬丁巳火。朱雀為丙午火。六合為乙卯木。勾陳為戊辰土。青龍為甲寅木。天空為戊戌土。白虎為庚申金。太常為己未土。玄武為癸亥水。太陰為辛酉金。天后為壬子水。

③**十二支神定名：**子為神后。丑為大吉。寅為功曹。卯為太衝。辰為天罡。巳為太乙。午為勝光。未為小吉。申為傳送。酉為從魁。戌為河

魁。亥為登明。

④**在十二天將中，以青龍、六合為最吉之神**。太常次之。白虎、螣蛇為最凶之神。玄武、勾陳為第二級凶神。天乙雖為貴神主貴，但黎庶小民是擔不起的。天后、太陰為平和之神，但有幽暗之事。朱雀主有文字上祥瑞之事，但要防小人口舌是非。天空主吉和凶皆不成形。吉將受制為不吉，凶將被剋而不能凶。倘若吉將生合日干，則主吉的愈發吉利。凶將如果刑剋日干，則主凶的愈發凶煞。

貴人

①**貴人即天乙貴人，為十二天將之主**。能降吉祥賜福瑞、解厄、扶危天乙貴人順治(順佈)，再與日干相生，雖在課傳中有勾陳、螣蛇等凶將，也不致有大害。天乙貴人逆佈，再加剋日干，雖課傳中有六合、青龍等吉將也不宜多喜，因會受貴人遣責。(作官的人例外)

②太歲為一年之主，課傳中最好乘貴人。即使貴人不入傳，也主能得貴人力而得吉。(但占病不救病。)如果貴人入三傳，更加相乘於干支、年命。則主所謀之事皆有成。身為官吏能得此占，主有升遷之喜。

③貴人為尊貴之神，喜居旺相之位，主其人能得官爵、掌印信，或得貴人賞賜幫助。若貴人居休囚之處，稱為『失位』。主貴人本身有憂愁困惑。貴人居死地，主其人會遇死喪之事，亦不得貴人之力。

④**貴人逢空亡、落空**，主其人聞喜不喜，聞憂不憂。

⑤貴人臨時十二神各有所名，亦各有所主。**貴人乘丑為『升堂』**。貴人臨丑為『回歸本家』，效用全無。若占投書進事，主有貴人接引。

●**貴人乘辰、戌為『入獄』**，主有煩惱，以下害上，會使君子、長輩不安，有處罰之事。若占請求謁見，必受阻，或即使相見也無益處。

●**貴人乘亥為『還官』**，又名『登天門』。主所有凶煞能被制服，利於進取。

●**貴人乘巳、午為『受賞』**。因巳、午之火可生貴人，但乘巳易受讚賞，上下皆高興。乘午會因受賞識而升官，或因推薦而升官。

⑥**帘幕貴人**(隱藏的貴人)於白日占事時，則晝貴顯，夜貴隱。夜晚占事時，則夜貴顯，晝貴隱。此種貴人會隱隱用力，亦吉慶。占考試得此貴，又與日干相生，必定得中。若占事謀求希望，能得晝夜兩貴人同時入三傳，或一個貴人在干上，一個貴人在支上，也主份外得力有吉慶。

螣蛇

①**螣蛇為卑賤之神**，在天事天乙，屬丁巳火，旺六十日，色紫，數四。凡事主喜挑釁別人，主是非，為凶將。有火光驚疑，憂恐怪異等事發生。

螣蛇的類神為文化之神，故也主文字或火光、血光。在人主為癲癇婦人及螢惑小人。在獸為蛇蛟。在五穀為豆和黍。

螣蛇乘旺相，更加木盛的，主有胎產、懷孕及有婚姻之喜事。螣蛇在君子主有權威。若附有血忌帶刑殺之神時，占生產易有胎產墜落或有產厄。

②**螣蛇之事，應期在丙丁巳午之日**。若居旺相比和則為吉。居休囚多有凶災。若逢空亡，凶災可減半。若螣蛇所乘之神又帶到煞，主其人有災禍、疾病會突然發作。

③**在占奇怪異常之事時**，如果遇到螣蛇乘旺，主其物為生物、活物。如果占到螣蛇乘死囚之神，主其物為死物，或有聲音但無形之物。

④螣蛇乘旺相來占凶禍之事，主會因訴訟而耗財、失去錢財。螣蛇休囚，主遭囚禁、遭恐懼、疾病、怪誕之事。螣蛇有死氣，則主有驚恐死亡之事。

⑤**螣蛇乘神為日財**，而且神將居旺相，主求財大吉。若神將休囚，主因錢財發生驚恐之事。

⑥**螣蛇乘火神，臨巳午(火鄉)**，或占時下見火，主有火災或驚駭、口舌是非及官非之事。

⑦**螣蛇乘子稱為「墜水」**。螣蛇乘亥為『掩目』。因亥子水會剋螣蛇火的緣故。主占凶事有虛驚，不會傷人。

⑧**螣蛇乘寅稱為「生角」**。螣蛇生旺時為得時為蛟龍。占事適合進取。螣蛇居衰時為失時，為蜥蜴，占事主宜躲藏。

⑨螣蛇乘未稱為『入休』。因未土為木墓之故。占事主停柩未葬，有家鬼作亂或有口舌之非及官司訴訟。

⑩**螣蛇乘戌稱為「入冢」**。因戌為火墓而得名。占事主災難全消。

朱雀

① **朱雀在天事天乙貴人**，屬丙午火，夏旺春相。因陰火寄于重離，陽極反陰，為不足之神，故為凶將。在神為灶神，在禽獸主飛鳥、獐鳥，在食物主果類、穀類。

② 朱雀居得地之位，主文章、印信、敕命、王廷等事。或主從文學、文章發跡。如果不得地，居陷地，則主火災、財務損失、生病、家畜有損傷。

- 若朱雀旺神帶凶煞，占事主口舌是非及官司訴訟。
- 若朱雀休困帶凶煞，占事主被囚禁、身體不自由。
- 若朱雀為死地帶凶煞，占事主因死喪之事而發生口舌是非。

③ 朱雀逆布，且刑日干，占公事必被長官責罵。

④ **朱雀為占斷考試、文獻、選舉之事之類神**，若占這些事必須先尋得朱雀

觀看。

●**若朱雀入三傳**，又課傳都吉者，占事主會高中及會當選，且文章必入選，有得意之作。

●若朱雀不入三傳，其所乘之神為太歲、月建、月將；或是與太歲、月建、月將相合者，且遇祿馬、日德又臨生旺之地，必主以文章揚名，主當選及高中金榜。

●若朱雀被刑剋或落空亡，或臨死絕之地，占事主必落榜、落選及文章不及格。

⑤朱雀乘火神，又臨火地，占時又值火，占事必發生火災。若為伏吟課，神煞又蟄伏不動，則火災不會發生。

⑥**課傳中必有朱雀出現，占事為有關書信及公文者**，其事才會有消息跟出現。若朱雀不入四課、三傳，則無書信及公文。

⑦**朱雀乘神剋干，主有口舌是非**，不安寧。朱雀生干，主有音信。朱雀

在初傳，主會突然發生打官司之事。朱雀在末傳乘丁馬(丁午)，主占事有遠來信件，消息或有遠方之交易。

⑧朱雀乘木火，且與太歲上神相合，又與貴人乘神相生者，主必掌大權。

⑨**朱雀乘亥子**，為火入水鄉相剋。朱雀乘子稱為『損翼』。朱雀乘亥稱為『入水』。此種占訴訟打官司較好，主災禍會自然消失解散。但占事為考試，主落榜。占文章為不得意。占選舉主落選。

⑩**朱雀乘巳稱為『晝翔』**。朱雀乘午稱為『銜符』。巳午為火旺之地，若要占訴訟、口舌是非，或有怪異之事主大凶。若要占文書、文章、考試、選舉等事會有大吉利之事。

⑪**朱雀乘戌稱為『無生』**。戌為火墓，朱雀入墓，主事物皆相違背，會有遺失物品之事或犯錯之事發生。若占書信、文章則吉，書信會來，文章也能得意。

白虎

①白虎、位居後五。為庚申金，為旺秋三月。占事得此，主會損害骨肉，有好色淫行，為操守不良之神。白虎得地時，為氣勢威猛。失時則失勢而狼狽。白虎主刀劍、血光、疾病、死亡、兵災、道路、怨仇、口舌是非、權威、刑戮等之事。

②**若白虎乘神帶刑剋煞氣，主占事會災禍立刻到來**。白虎為凶神，其色代表栗色，代表數字為亡，屬庚申金。其類神在人主病人、孝子、失去官位、職務之人。在五穀類為主麥、麻之類。在禽獸類主猿猴、虎。在物品方面主為金銀銅鐵之器。

③白虎為凶神，但主權威，利於創造大功業、作大事。若發用初傳或三傳有白虎，占事若占事業主吉，會立即成功，事業馬上有成就。

④**白虎利於占升官爵位，如有帶刑剋煞神更佳**，占課中有『不刑不發』之

論。

⑤ **白虎不利於占斷疾病**。若白虎所乘之神剋日干，或帶煞剋日干，或白虎乘辰剋日干，或剋行年，或剋行年，或白虎的陰神剋干支、年命皆凶惡不吉。若白虎臨空亡，或附日德，可化凶為吉。如果凶煞太重也不能救。

⑥ 白虎所臨之方位，以此占墳墓或宅院，可占斷該方位有岩石或神廟。

⑦ 白虎乘初傳，占旅遊遠行之人將立刻到家，占客人立至。白虎乘中傳，占遠遊之人及客人在途中。白虎乘末傳，主將來之人失約不來。

⑧ 白虎帶喪門、吊客、臨支，占事主家中有喪服，或外家之喪服入宅。

⑨ **白虎正月乘申**，二月乘寅，三月乘巳，四月乘亥，五月乘申，週而復始，稱為『白虎仰視』，主遭災殃大起。

⑩ **白虎乘凶神又旺時**，占事主哭泣、官司之事。居相時，占事主有相爭發生仇怨之事。白虎居死位時，主有因疾病死亡之事。白虎居囚時，

主有血光之災或打官司訴訟之事。白虎居休時，主必有疾病。

⑪ **白虎乘巳稱為『焚身』**。白虎乘午稱為『斷尾』。因火能剋金，占事主能化凶為福。

⑫ **白虎乘土，因土能生金，故更增白虎主凶。白虎乘丑稱為『泣漣』**，主有田產或家畜遭受損失。

● **白虎乘辰稱為『咥人』**。占事主官司之災，遭受刑戮，以及夜晚外出逢災，為極凶之象。

● **白虎乘未稱為『在野』**。占事主田產和家畜有損失。

● **白虎乘戌稱為『落井』**。占事主遭受他人中傷陷害，但能反禍為福。

勾陳

①勾陳位居前四，旺于四季，主好爭鬥、訴訟、兵禍、虎符、印信等事。亦為勾連、延遲停滯、橫生枝節，為凶將。其代表顏色為黃色，代表數字為丑，屬戊辰土。在官位上勾陳主印綬為吉。**其類神為：**在人主將軍、兵卒、醜婦、貧困遊蕩之小人、官吏、緝捕強盜之人。在物為田產、瓦片、石頭、金、鐵之器。在食物為果物。在禽獸方面代表為魚、龍、水虫之類。

● **勾陳居旺相之位時，代表為一將官**，失位時，為一兵卒。

②凡有占訟打官司之事欲占吉凶，則以勾陳為主來看。凡有勾陳剋日干者，主其有冤無法可伸。若為干剋勾陳，主官司最終可平反。

③**勾陳的陰神乘朱雀、螣蛇剋日干最為凶險**。假如勾陳剋日干，但勾陳的陰神乘貴人生日干並要其人的行年不落空亡，則可化凶為吉。

④勾陳剋日干以占捕盜緝凶，主可捕獲。假如有勾陳所乘之神剋玄武所乘之神，也主可捕獲。假如勾陳所臨之地剋玄武所臨之地，則主盜賊自己敗露或盜賊自首。例如玄武臨申酉，勾陳臨巳午，因巳午剋酉金之故。

⑤勾陳乘旺相之氣臨宅墓(干為墓、支為宅)，主平安、安泰。假如勾陳乘休囚之氣，且刑剋宅墓者，主不平安，有災。

⑥勾陳乘二馬生日干，占事主有遠行。剋日干，主有遠行但會遭災。

⑦勾陳不可在初傳或日干之上，又剋日，必有災發生。

⑧勾陳乘神若帶刑剋，為災禍立即發生之象。

⑨勾陳正月乘巳，二月乘辰，三月乘卯，四月乘寅，依此逆行十二支，稱為『勾陳仗劍』。占事主有疾病及傷殘。

⑩勾陳乘辰、戌、丑、未，為土將乘土神，其土氣重。勾陳乘丑稱為『受鉞』。主易受凌辱，會遇到有功績遭否定而落罪之事。

勾陳乘戌稱為『下獄』。主有訴訟官司，諸事不順，會停滯。

勾陳乘辰稱為『升堂』。主犯罪，有獄吏勾通。

勾陳乘未稱為『入驛』。主打官司時，有訟案遭稽留，未審。

勾陳臨巳稱為『捧印』。主有升官、晉級、加薪之喜。

勾陳臨午稱為『反目』。主遭受他人牽連而有官司之事。

玄武

①玄武為旺冬三月，為純陰之水，位在陰極之位，為北方至陰之邪氣，故能終結萬物，為凶將。其代表顏色為褐色，代表數字為四，屬癸亥水。占事主奸盜、賊寇、陰私之事、走火、奸邪、鬼魅等事。**其類神為盜匪**、賊竊、奸佞小人。在物為文章、女人之物品。在五穀方面主為豆類。在禽獸方面代表豬及帶鱗甲之魚類、動物。

②**玄武之陰神為之盜神**，故占盜賊以玄武為主，倘若陰神上、下比和，就可占斷出盜賊藏匿之處了。若陰神上、下相剋，要再看盜神之陰神及盜神所生之神為何，此即贓物所藏之所在。假如玄武的陰陽神和盜神的陰神遞生，或是盜神乘吉將，則主難捕獲盜匪。倘若有三傳相剋的現象，或三傳乘凶將，則主事情敗露、不吉。

③玄武若臨干支，占事需防盜賊、失物、或要防小人陷害暗算。

④玄武帶日德，又臨干支，若占失物或人走失，主其人會自己歸來，及

可尋獲。

⑤ **在昴星課中，玄武臨寅卯**，占事主必會遺失、脫序，不吉。在公家占事，要防獄囚逃脫。

⑥ 行年上神或日干剋制玄武，占事以失物或緝捕盜匪之事，能必尋獲及捕獲。

⑦ **假如玄武剋日干**，占事主事情多虛浮、難以成功。玄武乘財星，財主散財。或主遺失、丟掉，或停滯等事，是多敗而少成，不吉之象。

● **假如玄武旺相而生日干**，則主能交易財物或買賣經紀人。

⑧ 玄武乘神剋干，居旺時，主有貴人財物遺失之事。居相位，主因有官司損失錢財。居囚位，主有被囚禁，或遭盜匪之事。居休位主有丟失財物、生病之事。居死位，主有盜災，或因盜賊而殺死亡之事。

⑨ **玄武正月乘亥**，二月乘子，三月乘丑，四月乘寅，五月乘卯，依此順行十二支。稱為『玄武橫截』，主有盜賊侵入凌欺。

⑩ **玄武乘子稱為『散發』**，主人走失或財物遺失。

●玄武乘丑稱為『升堂』，主有失物、詐騙、盜竊之事。

●玄武乘卯稱為『窺戶』，卯為六合，又為陰私之神，主家內有賊盜，家宅不寧。

●玄武乘辰稱為『失路』，主家宅遭盜賊窺伺，及有官司訴訟會入獄之災，家中有人會逃失出走。

●玄武乘巳稱為『反顧』，主有虛驚。因巳火沖玄武亥水。

●玄武乘申稱為『折足』，玄武乘酉稱為『拔劍』，玄武逢金生而強盛，主其人本人凶狠會害人，宜小心。

●玄武乘戌稱為『遭囚』，主盜賊失勢，會遭捕獲。因水被土剋之故。

六合

①六合為旺春三月，為和合之神，為吉將。得地時主婚姻信息、交易、懷胎生產及財物。失地時主財為虛詐、陰私、暗昧之財。六合代表青色，代表數字為六，屬乙卯木。類神在人為官員、術士、算命者、隱士、巧匠、子孫、朋友、媒人、經紀人。在物為竹子、木、栗。在禽獸為兔。

②**六合順布，乘旺相而發用為初傳或入三傳**，主因懷孕而結婚或有孕在身之喜。若六合乘神為死囚，且剋日干，則主財物有口舌是非，或有小人糾纏。

③**六合乘神入三傳而剋日干**，主交易不易、夫婦不和。帶離神則主夫婦離婚分開。（離神為立春、立夏、立秋、立冬的前一日。）

六合乘神剋財星，主夫婦合和中會破財。六合乘神剋祿，主有官司發生。六合乘子午卯酉巳亥剋干，主其人家內有色情之事。

④ **六合乘末傳**，地盤為巳亥，天盤帶驛馬、丁神，主有遠行或得財。

⑤ **六合居旺**，主有賞賜升遷之喜。六合居旺相，主有嫁娶財禮或有收到財物之喜。六合居死地，主有爭財或死亡及喪葬之事發生。六合居囚位，主有婚姻破裂、陰私謀匿之事發生。六合居休，主有疾病和晦暗陰私之事發生。

⑥ 六合乘子稱為『反目』。因子卯相刑，主婚姻不成，夫婦反目，恩將仇報，有無稽之事發生。

⑦ 六合乘寅稱為『乘軒』。木至臨官，萬事皆順，主依媒妁之言而婚姻吉利。

⑧ 六合乘申稱為『結髮』。因卯木為乙木，申金為庚金，乙庚有相合之意，故主有婚姻之喜。

⑨ 六合乘辰稱為『違禮』。主凡事中途失敗，宜靜守。但占婚姻主可成。

因辰為乙木寄宮。

⑩ 六合乘酉稱為『私串』，主男女淫奔大行。因卯酉相沖，而乙木寄辰宮，辰酉膩合主淫，沖主動，故淫奔。

⑪ 六合乘戌稱為『亡差』，主冒瀆得罪罰，或婚姻不正，有奸淫之事而獲判罪。此因卯戌和合之故。

⑫ 六合乘亥為『待命』，主婚姻百事吉利。因亥與卯三合，又為卯之生地之故。

太常

①太常為四季之喜神，旺四季各十八日，又和八節之佳會，故為吉將。太常居得地時，主衣食和財帛豐足，田園完滿。太常居失地時，財物會消退、消失。太常吉時主文章、印綬、衣服、宴會、酒食、絹帛等物。太常凶時主衣服失竊、哭泣之事。太常的代表顏色為黃色。代表數字為八，屬己未土。類神在人為貴人、武官、貧婦。在物為酒食、衣冠、麻、金石、毛髮。在禽獸為雁、羊。

②太常乘初傳、末傳，再附天馬、驛馬，主武職順遂。三傳中有河魁(戌)吉太常，主其人有兩重印綬，掌大權。因戌為卯。太常為綬。

③**太常在初傳發用**，又臨日辰為印綬星動，主定有喜慶之事。假若所乘之神旺相，且又相生，主為官者升官，平常人主有媒合婚姻之事。所乘之神休囚，且相刑剋，主貨物不足，財帛未進。

④ **太常春季乘辰**。夏季乘酉。秋季乘卯。冬季乘巳。此稱為太常被剝削，百事不吉、銷毀。

⑤ **太常旺時**，主獲有貴人財物、酒食，並有婚配之喜事。太常相時，主有祭祀、衣服、婚姻之事。**太常逢死**，主有遺產或遺贈之事。太常逢囚，主有參與官司之事。太常逢休，主有病痛、衣物、錢財之事。太常若逢刑剋，主事會速成。

⑥ 太常乘子稱為『荷項』，主因酒食之事遭罰。

⑦ 太常乘丑稱為『受爵』，主有升職加薪之喜。因丑為貴人。

⑧ 太常乘寅稱為『側目』，主有小人讒言離間，以致信用受損。此因木剋土之故。

⑨ 太常乘卯稱為『遺冠』，主財物會遺失。因卯木剋已未土之故。

⑩ 太常乘酉稱為『立券』，主證券類之財物佳，但會有是非爭執。亦主有女人之喜，但也會有爭執。

⑪ 太常乘亥稱為『征召』，主其人易遭上喜下憎，故宜對上司、長輩吉，對下屬晚輩不吉。

青龍

①青龍為旺春三月，主高雅端正，廉直方正，執生氣，為吉神。得地時主富貴尊榮，失地則主財物失耗。代表顏色為碧色。代表數字為七。屬甲寅木。主財帛、米穀、文字、書籍、升遷、婚姻、產子、宴會等喜慶之事。**類神**於人為高貴的大官、財富多的人、財主、地主、丈夫、僧道或私通之人。在物主錢財、棺材、木桶。在天主雨。在禽獸方面主為虎、豹、狐狸、貓等。

②**在人以青龍為夫，天后為婦**。以此占新婚關係，所得天后剋青龍所乘之神，定主新娘剋夫。占工作，以青龍為喜神，若青龍所乘之神帶刑剋入三傳剋日干，則主凶。

③**占財運以青龍為主**，青龍乘旺相之氣時，臨旺相與日辰相生，或與日辰做六合、三合之合局，主財運佳。但青龍必須入三傳或臨干支之上，

否則為『青龍居閒地』，主不得力。此種來占婚姻或產子也是一樣的。

④**占財運**，青龍所乘之神生本命，主進財。剋本命，主耗洩財。

⑤**青龍入三傳中**，占捕盜緝凶為凶，因有青龍見首不見尾之象。占遠行之人之歸期也凶。主其人不歸而轉往他方。

⑥青龍與日干相生或相合者占文職工作主吉，相剋者主凶。若青龍乘太歲入三傳，必主有牽動。

⑦在天干之上又加有青龍遇凶殺之神合併之狀況，主在喜慶中帶凶剋。

⑧**青龍在孟月乘寅**，仲月青龍乘酉，季月青龍乘戌，稱為『青龍開眼』，主降福消災。**春季青龍乘丑**，夏季青龍乘寅，冬季乘巳，秋季乘辰，稱為『青龍安臥』，主有災禍即臨。

⑨青龍乘『子』稱為『入海』，乘『亥』稱為『游江』。因水能生木，主諸事吉順，有舟車、錢財、及婚姻、受孕之喜。

⑩青龍乘『寅』稱為『乘龍』。乘『卯』稱為『驅雷』，或稱『戲水』。為

木臨旺地，所占皆吉，利於經營生意、事物，可求親、可子孫、或受征召。若青龍乘寅卯，加於申、酉之上，木受金剋，稱為『折足』，主有爭訟之事。

⑪ 青龍乘『午』稱為『焚身』，主有損財及官司之憂懼。若在懷孕期間遇此，雖受驚恐，但無妨。

⑫ 青龍乘『未』稱為『無鱗』，因木墓，青龍入墓之故，主凡事趨靜者吉，動有傷身破財之災。

⑬ 青龍乘『申』稱為『折角』，乘『酉』稱為『伏龍』。金能剋木，主凡事宜退守，勿進取，主有憂愁及爭訟之事。

天后

①**天后代表婦人**。平常人得之，亦主亨通吉慶。天后旺於冬季三月。天后在天事天乙貴人，為后妃，為吉將。天后得地主清廉高貴、尊榮。失地則奸邪淫亂，人倫反常。主陰私、暗昧、婚姻、產子、欺詐、隱蔽之事。天后的代表顏色為黑色，代表數字為九。屬壬子水。類神於人為貴婦、為妻。在物為金石、草木及女子用品。在五穀為稻、豆。在禽獸為鼠、蝙蝠。

②課體為『三光』、『三陽』者，天后乘太歲臨日干，主犯罪有大赦。

③天后乘神，若遇下賊上者，主有遭小人凌辱之事。

④**天后與日干相生**，或與日干六合或三合，則主婚姻能成功。有沖剋時不成功。占婚姻，天后剋日干，主女方雖有意，但男方不願意。日干剋天后，主男方願意，而女方不願意。

⑤ **有天后遇驛馬，本命上又見解神**，主有離婚現象。

※ 解神為甲在亥、乙在申、丙在未、丁在丑、戊在酉、己在亥、庚在申、辛在未、壬在丑、癸在酉。

⑥ 天后之陰神乘玄武，主曖昧不清。天后之陰神乘白虎，主妻妾遭危險。

⑦ 天后為陰神，日干乘申；天后為陽，日干乘酉；這兩者主淫亂。

⑧ **天后乘天罡（辰）**，臨行年，主有墮胎之事。

⑨ 天后乘丑稱為『偷窺』，因子丑相合。主女人有婚訊，主男子有買進田產、宅第之喜事，或男子有陰私之事。

⑩ 天后乘寅稱為『理髮』，主男女相交往，或有婚事。

⑪ 天后乘卯稱為『臨門』，主家庭內有奸邪之事，搞致佳宅不寧。

⑫ 天后乘辰稱為『毀妝』，主有憂愁羞辱之事，或是家中有婦女生惡疾好不了。因辰為水墓的關係。

⑬ 天后乘巳稱為『裸體』，主有奸淫之事。

⑭ 天后乘午稱為『伏枕』，主呻吟、嘆息之事，或孕婦患病不吉，因子午相沖之故。

⑮ 天后乘酉稱為『倚戶』，主其人荒淫無度，或家中有色情邪淫之事。

⑯ 天后乘戌稱為『蹇淫』，主有失物、打官司或邪淫之事。

天空

①天空為陽土之神，旺於四季，為燥土之灰，居中央最卑之位，為天地雜氣，與空亡相類似，有名無實。位居天乙貴人的對方。所主之事為虛偽、巧詐之事。代表顏色為黃色，代表數字為五。屬戊戌土，**其類神於人**為醜婦、奴婢、貧困之人。在物主灶井、金鐵類及空虛之物。在天主晴。在禽獸類為狼犬。

②**天空值旺相有氣**，主有錢財之喜。也主部屬能同心協力，並以忠誠之心同創造利益。及使用虛詐方法也能成功。天空值凶衰，則主奴婢有口舌是非及凶偽主事。

③天空乘初傳成為末傳之神，占官司之事，主能解訟。

④**天空發用為初傳或臨干支之上**，主其家有孤寡之人，占婚姻不吉，或有祖業凋零之事。

⑤**天空乘神與干相生、相合者**，主幫傭為善良之人，與主人相合。相剋者，則幫傭會逃亡，天空所乘之神為魁罡，幫傭之人必邪惡。

⑥**天空為發用初傳**，占考試主吉。因天空為奏書之神。

⑦天空入三傳或在初傳發用。托人辦事須防詐騙。

⑧貴人順布，**天空所乘之神和天空相生**，且旺相，主幫傭與主人同心。所乘之神若為日財，更遇天喜，若占求財之事，主會賴小人或僧道之助。或其所獲之財是靠詐騙而來的。

⑨**天空乘神的遁干為壬癸水**，稱為『天空下淚』，主占事不吉，有哭聲聒耳，及有喪事。

⑩天空做發用初傳，占行動主有卑賤之事或人來相損害。

⑪**天空乘剋我之神**，逢旺，主有貴人來詐欺。逢相，主財物遭詐欺。天空逢死，主因死人之事遭詐欺。或欺詐死人之事。天空逢囚，主因被關監獄之事遭詐欺。天空逢休，主遭人詐欺。

⑫天空乘子稱為『伏室』。主女人有災。又稱『溺水』，主小人騫運，凡事有憂。

⑬天空乘丑稱為『侍側』。主做官職者有升遷擢用。百姓平民要防受尊長之人詐欺戲弄。

⑭天空乘卯稱為『乘侮』。因木剋土之故。主有凶暴之人相欺受辱。或有人受花言巧語所騙。

⑮天空乘辰稱為『肆惡』。主大事會遭受欺侮，而小事可成。

⑯天空乘巳稱為『受辱』。若在發用初傳上，主有下血痢之疾。

⑰天空乘午稱為『識字』。因火生土，主有文章、文學得意之事，凡事開朗有文明之象。

⑱天空乘申稱為『鼓舌』，為金洩土氣，主凶兆，事虛偽難測。

⑲天空乘酉稱為『巧說』，主凡事遭隱暱，有巧言詐騙，並主傭僕會走失、逃走。有奸邪淫亂之事。

⑳ 天空乘亥稱為『誣詞』，主多遭誣陷及陷入奸人詭計，縱有小利，亦會失利。

太陰

①**太陰乘金**，居酉方，為白帝之少女，掌肅殺之權，嚴而有威，為吉將。旺於秋三月，得地時主正直無私，辨是非，主信望。失地則淫亂。其代表顏色為白色。代表數字為六，屬辛酉金。主婦女、妹、賤妾、情婦。代表於五穀為小麥。代表於物為金、鐵、刀、針、女性用品。在禽獸為雞、雉、飛鳥。

②**太陰逢旺相再與日相生**，主因女子而有財進或懷胎。太陰逢死囚相剋，主有女人或小人生病，或有是非口舌之事。

③**太陰入三傳或臨干支**，主占盜賊會難捕獲。因太陰為天地私門。

④太陰入三傳占墓地、家宅，主所在之方有佛寺或美景、美物。

⑤太陰臨干支，乘亥做發用初傳者，占婚姻主其女子行為不正。

⑥太陰臨日干為長生之地、剋日干，主有淫亂之事。(如甲日太陰臨亥為長生之地)

⑦ **太陰入三傳，又與日干相生**，占犯刑之事，宜自首，可減輕罪行。

⑧ 太陰乘神臨日干，剋日干，有色情淫亂之事。

⑨ 太陰乘子稱為『垂帘』，主其妻妾有爭論、相侮辱、嫉妒之事。因子為房，陰為妻妾之故。

⑩ 太陰乘寅稱為『跌足』，主其人有升遷、榮賜之喜，也主有文書暗動。

⑪ 太陰乘卯稱為『微行』，主凡事清正、主吉。

⑫ 太陰乘辰稱為『遭淫』，主有被占污辱，有勾連訴訟之事。或婦人會流產傷身之事。

⑬ 太陰乘巳稱為『伏枕』，主有盜賊、口舌是非、驚憂之事。

⑭ 太陰乘未稱為『著書』，主有書籍問市及婚姻好事近，主吉。家宅安寧。亦有詐欺與破財、失財之事要小心。

⑮ 太陰乘申稱為『拔劍』，主有人在暗中相害。

⑯ 太陰乘酉稱為『閉戶』，主幫傭有疾病或出入遭驚恐憂愁之事。

⑰ 太陰乘戌稱為『刺繡』，主會發生怪異之事，或婦女、小人之色情之事。

⑱ 太陰乘亥稱為『裸形』，主吉凶相反。吉變凶，而凶反吉之類。

11 論神將相乘

神將相乘起例：

①**辰為天魁，戌為天罡**，乘吉將、吉神，主為將軍，掌兵符刑殺大權，若乘凶神、凶將，則主為供使喚之小吏或戍邊小卒。若三傳中再有驛馬，又逢丁神，主為逃竄之兵。

②**丑、未上逢勾陳**，為二土逢凶將，主爭鬥田地，不吉。

③天魁(戌)、從魁(酉)與六合相遇，主傭僕有陰私逃亡之事。

④從魁(酉)若乘白虎、六合，主妻懷孕，但玄武逢旺相，主吉。休囚則不吉。

⑤**傳送(申)上逢青龍(甲寅木)**，主損子孫及損財。

⑥**勝光(午)逢天馬**，主會外出旅行，有遠行。

⑦**太乙若逢白虎**，主家庭中多疾病之人。太乙、巳火相逢為『破碎煞』。若白虎臨支，做發用初傳者，主家中有喪事及疾病之人。

⑧**若神后乘未土**，再逢未土死囚，主婦女不貞而淫亂。

⑨**丑土為貴人本家**，再乘貴人，有太常吉將做發用初傳，主必有進財之喜，甲乙日占丑土為妻財超準。

⑩天空乘酉金失地，主傭僕走失。逢空及坐空亦然。

⑪太常乘亥坐酉，主親朋相邀有酒食之宴。因太常主酒食。亥水加酉為酉旁加水，故為酒。

⑫**辰戌、天空、玄武均為奴婢之類神**，辰戌上見天空、玄武。主傭僕逃亡。

⑬小吉為未土，六合為乙木，卯未相合，故有婚姻之事，主不聘禮。

⑭辰逢勾陳、白虎，會有死喪墳墓之事。

⑮丑逢死囚沖刑之地，乘勾陳主宅屋、田地遭破敗。乘白虎，則主墳墓遭破壞。

⑯ 太歲為一年之神，若乘貴人、青龍、太常為發用初傳，主占官運升遷之事。

⑰ 若子乘青龍、六合吉神，主其家中有女性出名或受封賞。

⑱ **寅乘青龍或六合**，主小兒有吉慶之事或有賢能之事，主吉。

⑲ **卯、酉為敗神**，為初入門戶。逢太陰或玄武，主有改門換戶之象，會門戶動搖。

⑳ 巳、亥逢太陰或天后，主有二女爭夫，有淫亂之象。

㉑ **子逢六合**，主為蕩婦。亥逢六合，主為孩童。子為神后，六合有和合之情，二者皆主暗昧、荒淫。六合亦為小兒類神，故稱之。

㉒ **丑遇天空主其人為矮子**，因天空戊辰土乘丑，是丑入墓，故必矮小。丑會申金為『和尚』。申入墓與入寺類似，皆有僧尼之意，故丑會申為和尚。

㉓ 朱雀乘寅，再逢卯木，主必有文才出眾之事。

㉔玄武乘寅，再逢巳，主其人為道士之流。

㉕**卯上乘傳送(申金)**，主其人為木匠之人。

㉖**辰上乘白虎**，主其人為凶徒持刀，或屠宰之人，常有血光之事。

㉗**巳臨酉宮**，為出門受剋。主其人為犯罪之人遭刑配遠地。又若乘太陰，臨休囚死地，主其人為娼妓淫蕩之命。

㉘**酉加午上**，主家中有寵婢主家事。若上乘六合加午火為發用初傳，主淫亂敗家。

㉙**未土在人為寡婦**，加酉生酉，為寡婦再嫁，為繼母。

㉚申金傳送為道路之神，逢六合醫藥之吉將，為六合乘中，有四處行醫之象。

㉛天空乘戌，主為健壯之奴僕，軍中之吏人。

㉜玄武乘亥，主為乞丐成陰邪之鬼魅。

㉝課傳中有天空逢勾陳，為有爭鬥。

㉞天后臨卯酉，若為官鬼旺相為發用初傳者，主求官可得。若卯酉為帘幕貴人做發用者，主考試大吉。若卯酉居死囚之地，主有淫亂破敗之爭。

㉟**月將乘貴人、青龍、主吉**，主其人稍用言語可登堂入相，居高職位。

㊱青龍與勾陳相逢且在相旺之位，主富甲一方，財產多。

㊲**官星乘貴人、太常等吉將做發用初傳**，主可做政府要員。有貴人主文職，有太常主武職。

㊳若年命臨孤辰、寡宿二煞，課傳上及干上神逢死囚，或兇剋，為半生有孤獨之命。若干上神或三傳上有婚姻類神且旺相乘吉將，稱之有解。

㊴日上神逢空亡，三傳再逢兇神惡將，主為乞討之人或貧賤之人。如果三傳有救，不作此論。

㊵月將逢子位，只有水火之災。太陰乘申酉臨午，逢月令死敗，再加懸索煞、索神煞、長繩煞等主有自縊之災。

㊶ **財星有上乘旺氣逢絕官**，定主白手起家。

㊷ 白虎臨子，而逢午火，主有義子繼承嗣續。

㊸ 年命加臨卯、酉，做事朝令夕改，反覆無常。

㊹ **青龍、六合臨丑、未**，主其人外表慈善，內心狠毒，佛口蛇心。

㊺ 有玄武逢太陰，或玄虎逢天后，皆主迷戀酒色。

㊻ **朱雀乘財星發用做初傳**，主因口舌是非得財。或得財後有口舌是非。

㊼ 玄武逢官鬼加吉神發用為初傳，主因陰謀詭計而事成。若玄武逢官鬼加兇神而發用做初傳，主因奸計敗露遭禍。

㊽ **天后乘妻財**，主家有賢妻主事。若太陰乘妻財，主為奴僕陰私之事。亦以陰奸之計得財。

㊾ 人之年命為卯酉臨空申，為出入私門，主其人隨娘改嫁。

㊿ **六合、玄武乘旺臨酉、寅**，在天主為雷雨交加之象。在人主為沉溺女色。

(51) 子午卯酉若臨旺相做發用初傳，主事容易成功。若臨死絕之處做發用，則主『關格』，主其是難成功。

(52) **辰戌丑未為墓神，若逢發用初傳**，主其事遭掩藏遮蔽，多停滯不前及昏悔之事。

(53) **白虎、螣蛇帶煞臨未、巳**，主有虎咬、蛇傷之災。

12 論陰神（類神之陰）

①陽神能見事物之外表。**陰神主事之隱微及歸宿**。即吉凶之底蘊宜詳察之。十二貴神中，只有天乙貴人是晝夜互為陰陽貴人的。例如甲日陽貴人乘未，則丑為陰神(陰貴人)。甲夜貴人乘丑，則未為陰神。其餘各以本家所乘為陰神。

②**螣蛇乘申而臨子**，則申上之辰為螣蛇之陰神。朱雀乘酉而臨丑，則酉上之巳為朱雀之陰神。

③**例如欲占晉見高官或長輩之事**，以及升遷、被徵召之事，要看貴人之陰神。(白天占事要看夜貴，夜晚占事要看日貴。)

④**欲占小孩子之疾病**，以及怪物之事，要看有無螣蛇之陰神。

⑤**欲占考試、被選用、以及文書方面、口舌是非方面**，要看朱雀之陰神。

⑥欲占交易、結婚、子孫之事，要看六合之陰神。

⑦欲占訴訟、打官司、及田地、墓地，要看勾陳之陰神。

⑧欲占雨天及財利、官位，要看是否有青龍之陰神。

⑨欲占天晴、及僧道、奴僕，要看天空之陰神。

⑩欲占道路及疾病，要看白虎之陰神。

⑪欲占印綬、衣服、宴會，要查看太常之陰神。如果占父母，也要看太常之陰神。

⑫欲占盜賊是否會捕獲，要看玄武之陰神。

⑬欲占陰私之事及幫傭、婢妾等問題，要看太陰之陰神。

⑭**欲占婦人病及尋找結婚對象**，要看天后之陰神。必須在課傳、年命之中逢旺相、不空，且與日、辰、德合相生者，才能占到所求取的會成功得到。如果有刑剋日、辰、年命者，雖有入課傳，仍會失敗。如果不入課傳，如值休囚空亡，稱之無類，占卜無結果。

13 論太歲

①**太歲為五行之標示，即歲支**。假如太歲逢貴人，即使不入三傳，亦能有幫助，訴訟之事能得貴人之力。太歲在三傳上，主一年吉凶之事。太歲入三傳為日鬼者，主大兇。其次為月建入三傳。

②例如當年為亥年，三傳上見『酉戌亥』，則主為隔年舊事。或三傳為『申酉戌』，即是三、四年前之事。倘若月建在三傳，則為三、四個月之前之事，此為亥月占課，如此論。

③**行年上見太歲，則主只此一年之事**。若初傳逢太歲，中傳、末傳逢月建或日辰，稱之『移遠就近』，以緩為速。

④太歲生我最吉，與我(日干)相合為次吉，我(日干)生太歲也吉。以太歲剋我最兇。若有救神，還可免災。

⑤ 日干、年命之上神剋太歲，為我剋太歲，會小事變大，凶災無法止。

⑥ **太歲乘天乙相生**，為大吉慶。只有君子能遇，有加官進爵之喜。平常人、凡人反主受驚厄，危險。

⑦ 太歲剋日稱為『太歲下堂』，凡人及好命之人都要防災禍。

⑧ **太歲臨辰上而剋辰**，主家宅長不安寧。歲破加於月破逢吉將尚有吉，逢兇將必有兇災。歲破、月破加於日辰，主破財，有重大損失。

⑨ 太歲即歲支(年支)，是五行之標，為一年之君，為至尊之神。若為吉神，主有一年之吉慶，若為兇神，主一歲災殃。太歲若逢貴人，不論是否入三傳，都能對其人有救助。若為訴訟，可得貴人力。但對疾病無法救助。太歲入三傳而為官鬼者，極凶。月建帶鬼入三傳為次凶。太歲入三傳，主有一年吉凶之事。

⑩ **譬如：當年為亥**，三傳為『酉戌亥』。此所發生之事主為隔年舊事。或三傳為『申酉戌』，此所發生之事為三、四年年的事。如果是月建在三

傳，則為三、四個月前之事。

⑪ 若行年上見太歲，即盡管今年一年之事。

⑫ 如果初傳上逢太歲，而中傳、末傳逢月建或日、辰，稱為『移遠就近』。以事緩則圓為速度。

⑬ **以太歲生我(日干)最吉**，合我次之，我生太歲亦吉。以太歲剋我最凶，若有救神，可免災。日干、年命上神剋太歲，為『我剋太歲』，主有大凶禍，小事反成大災。

⑭ **太歲乘天乙貴人相生**，有極大之吉慶之事，只有品格高、地位高之君子人能承受，有加官晉爵之榮。一般平常人難有此好運。反主受驚愕，危險。

⑮ 如果有太歲剋日干，稱為『太歲下堂』，做官者與平常百姓都要防有災或服喪。

⑯ 如果太歲臨辰上又剋辰，主家長不安。

⑰ 歲破加於月破，逢吉將還可，逢凶將，則主凶。歲破、月破，加於日辰，主有破財損失，不可不防。

14 論旺相死囚休

①**當令者為旺**。春木旺，夏火旺，秋金旺，冬水旺。四季月土旺(辰、戌、丑、未、月土旺)。

②**為我生者為相**。春火相，夏土相，秋水相，冬木相。四季月金相。

③**為我剋者為死**。春土死，夏金死，秋木死，冬火死。四季月水死。

④**為剋我者為囚**。春金囚，夏水囚，秋火囚，冬土囚。四季月水囚。

⑤**為生我者為休**。春水休，夏木休，秋土休，冬金休。四季月火休。

⑥旺氣利於求職、作官。相氣利於經營、追求利祿。囚氣易遭囚禁、呻吟有病痛。死氣有死亡悲傷哭泣之事。休氣有疾病拖延。

⑦要看占時、干、支、三傳、年命等所乘之天將，有喜神者要旺相，有兇煞者，要休囚。並且吉將要相妙於旺，因旺為極盛之物，易旺極而退。相為氣長。休為剛退之神，不能遽恢復。囚為勢之極，必將漸生。

15 論德

①**德為福佑之神**，凡臨日入三傳，能轉凶為吉。有天德、月德、日德、支德。以日德最吉。皆宜生旺，不宜休、囚，更忌逢空、落亡，以及神將外戰。

②凡德加干為發用初傳為鬼，仍做德來斷，不可做鬼斷，因德神能化鬼為吉。

③**凡德為下賊上為發用初傳**，得貴神生扶者，仍做全吉來斷。如果無生扶，又有剋洩，則主喜。事中又生憂愁之事。例如乙未日申加午，發用初傳為申為乙德，受制於干，但陰陽貴神屬土，洩午生申，仍做全吉來看。

④**德神臨日干，又會合，又帶貴人**，主有意外之喜。但不宜占病及訴訟。

⑤臨神臨死絕之地，又逢凶神，其主吉之力只有三成。

⑥日德做發用初傳，上下神同剋日干，稱為『鬼德格』，主邪與正同途。

⑦德神做官星，又臨朱雀，稱為『文德格』，主其人為可考試得官職，若已做官的人更可得推薦得要職。

⑧**天德：**正月在丁未。二月在坤申。三月在壬亥。四月在辛戌。五月在乾亥。六月在甲寅。七月在癸丑。八月在艮寅。九月在丙巳。十月在乙辰。十一月在巽巳。十二月在庚申。

⑨**月德：**丙巳──正月、五月、九月

甲寅──二月、六月、十月

壬亥──三月、七月、十一月

庚申──四月、八月、十二月

⑩**日德：**甲己日於寅。乙庚日於申。丙辛日於戌。戊癸日於巳。丁壬日於亥。

⑪ **支德**：即子日起巳，順行十二支。

日支	支德
子	巳
丑	午
寅	未
卯	申
辰	酉
巳	戌
午	亥
未	子
申	丑
酉	寅
戌	卯
亥	辰

16 論合

①**合為和順之神**。凡合臨日干、入三傳，皆主有和合之事與有成就之事。此為陰陽相配合，奇偶交逢之故。因此凡事皆能成。合有三種，一、干合，二、支合，三、三合。其中以干合為主，支合次之，三合又次之。又必須有德神、祿神、喜神並臨，才算吉。若乘凶將，或與凶神相合，則主凶。

※**喜神**：春季在戌。夏季在丑。秋季在辰。冬季在未。

②**寅亥為『破合』**。巳申為『刑合』。皆主想要成事而合在一起，但又不合。想成又不成。如果有貴人、青龍、德神、祿神而相助，可有成救。

③六合與德神一起入三傳，主凡事皆吉利。六合與凶神一起入傳，也主凶帶吉，有和合。

④六合入三傳，主可謀事成，但不會馬上了結。如果占疾病，主暫時無法痊癒。占訴訟，主訴訟成，反為不吉。

⑤六合帶刑害之神，雖乘吉將，只可宛轉得小用，其力減弱。

⑥六合逢空落空，又逢刑害，主合中有災禍，需有德神能化解。

⑦四課中有合，但日干上神與日支上神互剋時，主各懷鬼胎、貌合神離。

⑧**日辰相合，日辰上神也合**，稱為『同心格』。主一切希望能同心協力達成。若逢刑害，則主同心之中，仍會暗生嫉妒。

⑨日辰相害，但日辰上神相合相破，主表面有假意相助之人，其心卻有暗中毒害之心。若合而不破，主貌合神離，危害不大。若值空亡，與破同論。

⑩**凡日甘與支上神相合**，支辰與干上神相合，此種交叉相合之式稱為『交車合』。可主交易、交換之事吉，此利於合夥，不利分散、單獨。

⑪**干合。甲己之合為中正之合。**凡逢貴人得喜神，與德神可解諸凶。但

在卯酉上，又帶太陰、天后、玄武、六合四神將，主有不正奸邪之事。

● **乙庚之合為仁義之合**。此合乘吉神為內外和合之象，做事端正嚴肅。如果在卯酉上乘太陰、六合、玄武、天后四神將，反主偽善，會以假仁假義之態度而行邪惡之事。

● **丙辛之合為威權之合**。此合乘吉神可顯揚威信。耀武揚威。若乘凶神，主會挾上欺凌下屬。

● **丁壬相合為淫泆之合**。乘吉神主做事有成。如果在卯酉上，臨太陰、六合、天后、玄武四將，家中會起醜行，有淫奔之事。

● **戊癸相合為無情之合**。乘吉神主事情半實半虛。乘凶神，主外表相合，內心分離。諸事順，但為假象。

⑫ **三合入三傳，若缺一神稱為『折腰格』**，又稱『虛一待用格』，占事要等待所缺之神值日，才可成功。如果所缺之神有日辰或干支上神偶而合之，則稱為『湊合』格。主有意外和合之事。但要以湊合之神來斷事。

若所湊之神乘貴，主有貴人提攜，乘天后，則有女人相助。

⑬ 日辰上下作和，但日上神剋辰，辰上神剋日，主外和中分離，各懷猜疑。或因排撥而不和。

⑭ **三合局之力大於六合之力**，若為吉神，吉力加倍，若為凶神，災禍也大。倘若三傳逢空亡、落空，則合力大減。

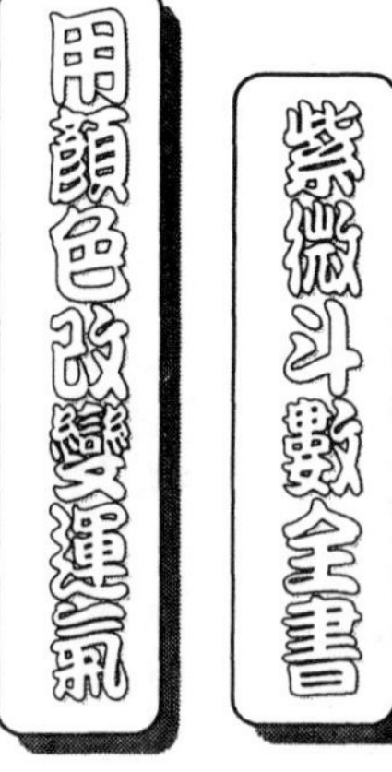

17 論鬼

①**鬼為賊害之神**。干支之中，陽剋陽，陰剋陰為鬼。凡 鬼，主有訴訟是非。夜鬼，主有神祇及妖祟作怪。

②凡鬼入三傳，如果日干逢旺相，傳中或年命上逢子孫為救神，結果仍不會有災，鬼入三傳、臨日干，有子孫，占訴訟吉生病，見子孫可減凶惡之狀況。

③**若發用初傳逢鬼**，又臨剋日之鄉，稱為『攢眉格』。雖遇救神，只能解救其一，仍有暗鬼不能解。

④若初傳發用逢鬼，是支上神，又引中傳、末傳入鬼鄉，稱之『家鬼弄家神』。為有救無禍，無救就有禍。

⑤若鬼臨日干，得支上神解救。主一切凶災自外面來，要家人幫忙解救。

⑥ 若發用初傳逢鬼，而生末傳，作日干長生，稱為『鬼脫生格』。主一切先凶後吉。

⑦ 若三傳會局為鬼，反生起干上神生干者，主一切反凶為吉。

⑧ 若三傳脫干(洩干)，能制暗鬼，稱為『借益格』。就像有人來賺我，剛好碰到我有災禍，想借用其力，故姑且答應對方的意圖來為我所用，故而反對我有益。

⑨ **三傳為日財，干上神為日鬼**，稱為『財生鬼』。鬼得勢會傷干，主因財得禍。最忌諱賄絡，如財入虎口，得今日之財，必遭凶災。若日上神為日鬼、三傳逢財生鬼，主家庭生災禍。但此種占求職、求升遷，主吉利。

⑩ 日干上神為財，遁干為鬼，財生鬼傷日干，主因飲食遭災，或因妻之事打官司，若占婚姻吉凶則主娶到惡媳婦。

⑪ 年命為日之鬼，主自身有疾病或家中人有重大消耗及疾病。若有喪門、

吊客等凶神一起，主家庭中有不幸之事，有官符主有官司之事。

⑫ 三傳中，若為初傳剋中傳，中傳又剋末傳，末傳剋日干，或末傳剋中傳，中傳剋初傳，初傳剋日干者，主其人或事遭眾人所欺騙，須謹慎。

⑬ **鬼殺凶神乘青龍**，主有財貨之災。乘白虎，主有病災。乘朱雀，主有火災。乘勾陳，會有官司。乘太陰或天后，只有妻小或女人之災。

⑭ **課傳中有鬼，無制化**，主大凶。但求職、求官位，占考試，或女人占丈夫之事　主大吉。

⑮ **日鬼如下：**甲日鬼在庚申。乙日鬼在辛酉。丙日鬼在壬子。丁日鬼在癸亥。戊日鬼在甲寅。己日鬼在乙卯。庚日鬼在丙午。辛日鬼在丁巳。壬日鬼在戊辰。癸日癸在巳未。

18 論墓

①**墓，為五行之終**。為伏藏之神。凡墓入三傳臨日，主一切暗昧難明，閉塞不通。逢沖則吉。逢合則凶。如果年命上神能制之。也可解救。

②**甲乙墓未，丙丁戊己墓戌。庚辛墓丑。壬癸墓辰**。又以『辰未』為『日墓』。以『戌丑』為『夜墓』。日墓發生強且快速。夜墓較緩而拖延。如果有夜墓臨日，自暗投明，占事能有解救之道。如果日墓臨夜，是自明投暗，占事更為模糊不清。

③譬如甲日未臨亥，癸日未臨卯，丙戊日戌臨寅，乙日戌臨午，丁己日丑臨酉，庚日丑臨巳，壬日辰臨申，辛日辰臨子，皆稱為『墓乘長生』。主其人剛開始運不好，最後會亨通。占事能推陳出新，中斷而又繼續。

④**譬如**：甲日亥加未，癸日卯加未，丙戊日寅加戌，乙日午加戌，丁巳日酉加丑，庚日巳加丑，壬日申加辰，辛日子加辰，稱為『長生入墓』。

此會如人墮入井中，呼叫天不應，以此占病會死。占盜賊難捕獲。占遠行之人不回。占新事不吉、難成。

⑤ 凡以墓為發用初傳者，要日干有氣，若無氣，則占病易死，占訴訟小心冤案。

⑥ 三傳中，**凡中傳逢墓**，為百事不順之兆。進退難安。凡末傳逢墓，主占事終無成功。

⑦ **凡墓逢沖則吉**，逢合則凶，若年命上神能剋制，也能解救。

19 論破

①**破者，散也，移也**。陽日破後四辰，陰日破前四辰。午破卯，主門戶破敗。辰破丑，主牆墓頹廢。酉破子，主婦女家小有災。戌破未，主人或物有刑剋傷害。亥破寅、申破巳，破中有合，會雖敗又復成。

②凡逢破，主事多中途停輟，或有變動更換。亦主不完全。若年命逢破，主其人有損傷。

③**四孟見酉，四仲見巳，四季見丑，稱為「破碎煞」**。主占事有破損。

④**破貴**：主考試及被引薦不成功，有鬼殺破而無災。

破蛇：主會被牽連，做事不成功。

破雀：主文章方面會有是非糾紛。

破合：主生意上會交易不成，婚姻易觸礁。

破勾：主有爭鬥之事，起因於田地、墳墓之事。

破龍：主結婚不成，或案卷無法上承。

破空：主文書延遲上交，傭僕有麻煩。

破虎：主道路和其人之權益有損。

破常：主受推薦、介紹婚姻，及宴會會突然遭中止。

破玄：陰謀之事或偷竊之事不會成功。以及拜師學藝不會成功。

破陰：有陰謀妨礙，事不順利。

破后：婚姻不成，特赦令不會發出。

20 論害

① **害，是受阻或鬥爭的意思**。其方法是以十二支從辰戌相分。自戌至卯，橫列於下。自酉至辰橫加於上，上下相交，即為六害。

② **若害臨日干入三傳**，主事情只宜守、不宜進，且多阻擾步順利。

③ **子加未相害**，主事無開始與結果。也主官司及是非口舌。未加子相害，主有經營計謀受阻礙，暗地裡會有災。

④ **丑加午相害**，主政事上訴訟不利，以及夫妻不和。午加丑相害，主事情不明，終究難成功。

⑤ **寅加巳相害**，主外出會改時間，會退財利，升官之事受阻。己加寅相害，主做事受阻攔，有口舌是非，有受驚遭疑之事。

⑥ **卯加辰相害**，主事情有虛假、爭鬥。也會看起來好好的又發生爭鬥。

辰加卯相害，主求謀別人幫忙辦事多會受阻，做事沒結果。

⑦ **酉加戌相害**，主有門戶遭破壞，暗中有偷盜宵小，及小災小病。

戌加酉相害，主有家宅私暗之事不美，有奴僕有邪念起奸謀。

⑧ **申加亥相害**，主做事先受阻後能成功，事情必會有結果。

亥加申相害，主圖謀事情不得如願，事情無法開始。所有的事不合，只適合照舊或不動，以防有失。

21 論刑

①**刑者，受傷或遭殘害**。譬如申子辰三合，加寅卯辰三位，則申刑寅。子刑卯。辰見辰，自刑。寅午戌加巳午未。則寅刑巳。午見午自刑。戌刑未。巳酉丑加申酉戌則巳刑申。酉見酉自刑。丑刑戌。亥、卯、未，加亥、子、丑則亥見亥自刑，卯刑子。**未刑丑**。合中生刑。像夫婦之反目而不相隨。

②**凡刑臨日入三傳**，必有傷殘之事。**有互刑者**，主其事或人不講禮義。放蕩迭遙。**有朋刑者**，主其事或人不講恩情，及挾勢凌威。**有自刑者**，會自逞蠻幹而失敗。如果是干刑，應事主其很快發生，事為外部之事。如果是支刑，則主應事發生較遲緩，事主內部之事。

③『**子刑卯**』**為死與敗相刑**。主其事為門戶不正，長輩與晚輩不和睦。『卯刑子』為開始了光明正大的做事，最後卻晦暗沒有結果。也主子孫沒

管教好，以及水道、河道不通。

④「**寅刑巳**」**為相刑中亦有相害**。一舉一動都很艱難，有災禍及訴訟之事一起到來。

⑤「**丑刑戌**」**為相刑中有帶官鬼**。主地位高貴的人和地位低賤的人相互侮辱。亦有疾病和牢獄之災相互到來。

⑥「**巳刑申**」，「**戌刑未**」**都是相刑中亦有相破**，主年長的人和年幼的人不和睦，且家族會凋零破落。

⑦「**自刑**」，**皆主其人會自己逞強，又自作自受**，以致於一生失敗落入深淵，做事皆非、不順、不成功，並且不善終而死。

⑧凡相刑處在發用初傳上，主一定會有刑剋傷害。凡相刑在日干上者，主男有禍災。相刑在日支以上者，主女有禍災。

⑨凡『時刑日』，則平常人及小孩有禍災。凡『日刑時』，則為官者或家中大人會有禍災。凡有吉神居旺相刑衰者，主能得福。凡有吉神居死而相刑旺者，會有禍事發生。

⑩凡有發用卻傳相刑月建的，不利於相互與訟打官司。凡發用卻傳相刑陰日干者，不可外出遠行走遠路。

⑪ **凡干上有相刑**，主事情發生會在外面，而且很快速。凡支上有相刑，主事情發生在自身或自家之內，會稍遲緩才暴露出來的。

⑫ 凡干支上下相刑，發用卻傳又為日之鬼者，主做事反復無常，且做事離譜，有公事與私事雙方面之禍災。

22 論衝

① **衝即沖，沖者，為動，為格鬥**。凡有沖，主一直移動反覆，不安寧，其方法也是以十二支環列，以陰陽各相對，而為沖。亦即反吟的例子。年、歲、月、干、支皆不宜逢沖。『歲沖』，會有歲中之不足，『月沖』，會有月中不足。而吉神尤不可逢沖，沖則不吉。凶神宜逢沖，逢沖則凶禍少了。

② **子午相沖**，主在道路上奔馳，男生相互爭執，有好的計劃會遭變化不

成功，亦會有行為舉動出差錯。

③**卯酉相沖**，主會黑白分別會失序，分不出。或會更改變換門戶(改姓)，會在夜晚或暗中有陰私不合禮法、淫亂之事。

④**寅申相沖**，主有邪淫之鬼作祟，夫妻不和，各懷異心。

⑤**己亥相沖**，主凡事不順利，想好好做卻結果不理想。希求很大，得之甚多。

⑥**丑未相沖**，主兄弟不同心，其人計謀與希望落空。

⑦**辰戌相沖**，主吉凶不清楚，好壞不分，有奴僕逃走遺失，朋友沒幫助。

⑧**沖神乘玄武**，主為逃避災禍及受到被偷盜失物而有身體之行動。

沖神乘太陰、天后，則主暗中行動，或因色情之事而行動。

沖神乘六合，則主為淫邪之風氣而行動。

沖神乘勾陳，則主為私下暗中之邪佞之事，或紛爭，爭鬥而行動。

23 論驛馬

①**沖三合之首一字者為驛馬。**故卯亥未日驛馬在『巳』。寅午戌日驛馬在『申』。巳酉丑日驛馬在『亥』。申子辰日驛馬在『寅』。如果驛馬臨干支、三傳、占時或本命，則以會有行動、移動論或以行程來論。

②**驛馬和吉神、吉將一起發動**，主行動趨吉又迅速。驛馬和凶神、凶將一起發動，主凶禍亦快速到來。

③**驛馬帶病**，主其人在路上有病災。馬帶病以五行病位論。即木在巳，火在申，金在亥，水在寅為病位，再合驛馬一並，為帶病。

④**驛馬為日干支之財為『財馬』**。財馬相合於身命，會帶來其他遠地之財祿。例如庚子日，子水驛馬在寅，寅又是日干庚金之財，便是。

⑤驛馬帶喪門煞，吊客煞，在外會有生命之或他人死喪之事。

⑥驛馬帶天喜，主身邊有喜事，或有升官之事，主吉。

⑦驛馬發用為初傳，在外易立即發生事端。好壞立見。

⑧**驛馬被其他神相合稱『絆馬』**。絆馬受剋，會碰到暗藏之災禍。例如辛卯日，驛馬在巳，三傳中又逢有申金，巳被申相合為絆馬。

⑨驛馬帶賊剋宅，主會遭受外來之賊盜來盜竊，賊為玄武。

⑩**驛馬逢鬼**，則主有訴訟官司之事，或有家室不寧，家中有邪鬼鬧事。若有考試或占升官，則主吉且快速。

⑪驛馬帶三刑，有官司訴訟之災禍。

⑫木馬沖申逢合，會罹重病。土馬受剋，會因修補房室之事而有災禍不吉。

⑬喪馬(驛馬和喪門合稱)乘第三、四課，且乘凶將，主家中會有喪事。

⑭驛馬帶天喜為喜馬，再加信神，主會到遠方來信。

⑮**驛馬帶相刑、相害之神將**，主有墮落或跌倒之災禍。

⑯**驛馬剋日干來占財**，主生意不順，會失敗。

⑰驛馬帶財或官在休囚之位無力，主其人或事為九流藝術之人。

⑱驛馬帶淫神主外出會有色情之事。到遠方買春。

⑲ 驛馬帶貴人、六合等吉神，主會在他鄉遇到故知、朋友。

⑳ 驛馬帶敗氣或帶子孫脫氣之神，主工作職位會遭移動貶職。

㉑ **有二驛馬相沖**，主事情會停滯、遲緩，亦會有驚駭之災。例如庚寅日有申為驛馬入三傳，寅申相沖為『二馬相沖』。

㉒ 驛馬臨長生之位，或落空亡之位，占旅行之人歸期，必定不回來。

24 論應期

① **論斷應期，首先是從發用初傳開始**。但要知道最後之吉凶，就要以末傳為最後之決定關鍵了。

② **如果發用初逢太歲者**，會在本年之內有吉凶災禍。例如甲子年，發用又見『子』之類。如果發用初傳逢月建，應事會在一個月之內。譬如

正月發用初傳又逢寅之類的。如果初傳逢月將發用，就會在月將值事日之內。例如卯時發用初傳為卯之類的。

● 若發用初傳為立春、立夏、立秋、立冬之四立者，應事會在一季之內。若發用初傳為二十四氣者，應事會在本氣之內。如果發用初傳起句首者，發應事故會在本句之內。例如丁卯日發用初傳見甲子之類。

● 如果發用初傳起七十二候者，其應事會在本候之內。(五日為一候)譬如：雨水壬寅日為第一候。丁未日為第二候。壬子日為第三候。發用見寅，或見午，或見子之類。

● 如果發用初傳起本日午支者，其應是會在本日發生。例如庚午日發用為初傳見申，或見午之類，起所占之時。應在當時。如果占午時，發褢初傳文為午之類。

③ 如果太歲、月建、節氣、七十二候均不在發用初傳上，即以本日支辰來推算。如果丑日、初傳發用為寅，則應事會在第二天。若卯為發用

初傳，則應事會在第三天。超過四位則不用取了。

④以用神之上下為月期。以占日之愛神或惡神為日期。若為吉課，以生扶占日者為愛神。例如為吉時，戊己日占事，以卯加辰為發用初傳，則月期在二月，以二月建卯之故。不在二月，則會在三月，以卯加辰之故。則其日期會在丙丁日，以丙丁能生戊己，這就是以占日愛神為日期。

若為凶課，則以剋制占日者為惡神。例如凶課：甲乙日占事，以巳加申為發用初傳，則應事月期在四月，以四月建巳之故。若四月不應，當在七月，以巳加申之故。其應事日其會在庚辛日，以庚辛能剋甲乙之故。故即以占日惡神應事為日期。

⑤**又可以初傳所相合者為成事之期**。末傳所沖剋之為散事之期。或以發用初傳之入墓，逢絕為應事之期(占了結、絕斷之事而用)。或以三合少一字，則以少一字為事情成功之期。或以空填實，及補是四課三傳

者為事情成功了結之期。凡此類不勝枚舉，主要不外乎用『旺氣』來為現成可用之氣。因為主接近。用『旺氣』為主將來，會稍遠一點。休囚之氣皆為主已往之事，更遠了。

⑥若以初傳發用所合之神加臨地盤之神為事情成功之應事之日期。並以末傳所沖之神加臨地盤之神為解決問散事情的應事之日期。

⑦**占斷疾病之應事之期為：**有白虎乘鬼剋日干，助鬼之日為病危之日，制鬼之日為病情痊癒之日。

⑧古人以發用、年、月、日、時來斷應事之期。**在占病方面**，則看白虎鬼所臨之處。**占遠行及歸人**，要看發用初傳中有無入墓、氣絕，並要兼看末傳之三合或六合。**若占數目**，則不能從本數。居旺氣時從相乘之數來看，居相位時從倍數來看，居死氣、囚位時從減數來斷。

※**真數歌云：**甲己子五九，己庚丑未八。丙辛寅申七。丁壬卯酉六。戊癸辰戌五。己亥無幹四。

⑨占事要因時因事，細細參察四課、三傳之象，來討論其中之消息，而

能神而明之。如占硯台，逢太歲發用為初傳，可以用年歲來計算。占筆墨，亦可用年歲計算。占墳宅之事，亦可用年歲計算，占花草仍可用年歲計算，如果是人，人壽難過百，而得寅辰旺相相乘，可得三百五十歲，則太超過了，故必須以大概之數約之。又例如有軍隊師旅，大多以千計人數。若得休囚神將，可斷為五、七人，則不可靠，故又要再加乘大約之倍數而為之。此專看占斷者如何用了。

25 論占事

一、占天象

① **若要占天晴或下雨**，則以干為天。以干上所乘之神將來應天。以支為地，支上所乘之神將為應地。並以天空、螣蛇、朱雀、巳、午及旬中丙丁為主，會晴。其所乘神之神(天盤、地支)來應晴。所臨之天將為

應晴之日期。並以青龍、天后、亥、子、及旬中壬、癸為主雨，其所乘之神來應雨。所臨之將可應雨之時期，與落雨之方位。

② **若要占雨**，則以水神為主(亥子)，並兼看青龍、太陰、天后、玄武。**若要占晴**，則以火神為主(巳午)，並要兼看螣蛇、朱雀。

● 凡課體為炎上，則主晴。課體為潤下，則主雨。課體為曲直(木鞠)，主有風。課體為稼穡(土局)，則主為陰天。課體為從革(金局)，則主雨天。如果過空亡，則相反。

③ 如果三傳為『午戌』，末傳為寅，則會晴。而寅午傳戌則不晴，如果三傳為『子辰申』，則為下雨，三傳為『子申辰』，則不下雨。三傳為火上水下為晴。水上火下主下雨。

④ **三傳有火土主大晴**。三傳為金水主大雨。三傳為『巳亥巳』，為天門地戶相通。主陰天。三傳中有水神逢空主為晴。火神逢空亡主雨天。如果日干剋三傳主為晴天。三傳剋日干主為雨天。

⑤ 水神剋日干主有雨，日干剋水神主晴。亥子加巳午未申，為水運午上，主有雨。若加亥子丑寅，則無雨。

⑥ **專看巳午所臨之辰**(在地盤)，而可知何日為晴。專看子亥所臨之辰，可知何日有雨。青龍乘金位為有雲霧。勾陳加水必有雨。在冬季主有大雪，螣蛇主有大雷，乘金水主閃電，在亥子則化為龍。朱雀臨巳午為歸巢，主有旱風。玄武在亥子為居穴，指陽則晴，指陰則雨。

⑦ **占斷天時類神：**

十二支神

子為水神、為雲。丑為雨神。寅為風神。卯為雷神。辰為霧神。巳為晴神、為虹。午為晴神、為電。未為風伯。申為水神。酉為陰。戌為雲。亥為雨神。

十二天將

貴神為陰天。螣蛇為電、為晴神。朱雀為風。六合為雨。勾陳為雲。

青龍為甘雨之神。天空為霖雰。太陰為霜雪。白虎為雷電、大風。太常為陰雰。玄武、天后為雨神。

⑧ 火土為發用初傳，末傳為青龍乘水神者，為早上晴天傍晚有雨。

⑨ 發用初傳為金水，而末傳為天空乘土神者，為早上下雨傍晚晴。

⑩ 發用初傳為朱雀省乘午，但被下神所剋，或被中傳、末傳所剋，會晴而多雲。

⑪ 發用初傳為天后乘子，但被下神所剋，或被中傳或末傳所剋，則主雲多雨而不下雨。

⑫ **有寅申和青龍、白虎互乘**，主有風雨大作之象。

● **丑午及朱雀、六合一起在三傳上**，主有下冰雹如下雨一般。

● **發用初傳有白虎、乘申酉**，則主有大雪。發用初傳上有太陰乘申酉，則主有降霜。發用初傳為寅申臨干支作發用，則主有強風。初傳發用為水少火土多者，又有申酉乘白虎者，主有冰雹。發用初傳上有六合乘土神臨火神者，主有霧。

⑬ **欲測明日或後日之天氣**，要以明日的地支上神或後日的地主下神，所屬類神來判斷晴雨。

⑭ **久雨占晴法：**陽日要看午下之神，如午加子，卯子日放晴。陰日要看已下之神，如已加寅，即寅日會放晴。如果干支上神為土，且乘貴人，勾陳、太常等土將，則主很快放晴。

⑮ **久旱占雨法：**陽日要看子下神，如子加卯，即卯日會有雨。陰日則要看亥下神，例如亥加酉，即酉日有雨。如果有連續的旱天，占有炎上，則為陽到極點，三天內會下雨，會發生之應時於天后、玄武乘神加臨的地支之日會下雨。

法雲居士⊙著

這本『移民、投資方位學』是順應現代世界移民潮流而精心研究的一本書。

每個人都有自己專屬的生命磁場的方位，才能生活、生存的愉快順利，也才會容易獲得財富。搞不清自己生命磁場方位而誤入忌方的人，甚至會遭受劫殺。至少也會賺不到錢而窮困。

法雲居士利用紫微命理的方式向您解釋為什麼有些人會在移民或向外投資上發展成功？為什麼某些人會失敗、困頓？怎麼樣才能找對自己的正確方向？使您在移民、對外投資上，才不會去走冤枉路、花冤枉錢，幫助您開拓順利成功的人生！

二、占命運

①**以日干為人，日支(辰)為宅，又為妻**。以本命看其人一生之造化。以年歲看一歲之吉凶。初傳管初年運二十年，中傳管中年運二十年。末傳管老年運二十年。

②**占身命，以干為人**，以干上所乘之神將來應人之事物。**以支為事業**。支上所乘之神應事業之發達與否。以長生為壽元。以財星為財帛、金錢、用度。以臨官為食祿。其所乘之神會應壽元。所臨之將來應財富、以及一生之食祿方面與方向。所乘之病神則有疫病，逢有死神則為死。其所乘之神會應事為有病或死之日。死所臨之天將，也是應事為病。

③**看占壽命法**：要專看命上神，若命上神生旺為長壽，有生氣更確定。若得長生又見生氣，更高壽。

看壽元多少，大多以長生主壽高。有冠帶、臨官、帝旺，可身體健壯，

亦壽多。有沐浴則好色多病，有衰病則主氣血不足，逢死、墓、絕、胎、養，則都會夭亡。

④如果命上神被剋，又帶有死神、死氣，帶白虎，或有空亡，皆主會夭亡。日上神生日干者會長壽。辰上神生辰者，只主身體會健壯。但不以長壽或會夭亡來論定。

⑤三傳上有四孟，以長生遞生干及命者會長壽。四孟從干遞生到長生者，稱為『源消根斷』。主會因身虛癆病而死。三傳為四仲者，不會早死，也不長壽。三傳逢四季者，易早夭。

⑥**占身命以印綬為父母，比劫為兄弟，財星為妻為財。以官殺為夫為官。以食傷為男女、為子孫。**其所乘之神，一概應父母、兄弟、妻、財及夫、官、男女、子孫之事。所臨之將，也應一切憂喜吉凶之事。

三、占事業

①**欲占事業，要以官祿為主。文職看青龍。武職要看太常。**朱雀為文書。白虎加官鬼為『催官使者』，又主權威之事。太歲為至尊之神，月將為福德之神，祿神為食祿之方。祿居旺相，臨官，則主官職可任期較久。驛馬陷空亡、死絕，則無法做官。寅申巳亥為『長生學堂』，不可遇刑剋沖害。戌為印，未為綬，卯為軒車。

②凡占課有官星有旺氣，逢長生，帝旺之位，又臨值三傳上神相生的，會發達迅速。如果官殺不當時，而日干居長生、帝旺之地，也稱為有氣。但不能再有子孫相剝，否則會事業無成。

③如果剋官之神自己坐剋方及空亡、脫氣、墓庫，則雖有小阻礙，等到官星有氣旺之年又會事業轉好。

④**倘若官星逢生旺**，會屢次有升遷職務之好運。如果日干太旺，而官星

不能剋之，則要等待官旺之年才能事業變好。

⑤ 倘若日干休、休囚而官星旺，主其人心灰意懶，但富貴逼人。倘若是文章好但無官職的人，仍是生旺之局，會因眼前雖困頓但日後會發達。

⑥ **升遷職務之快慢速度**，文職看青龍。武職看太常。所乘之下神為今日之日辰，則佳音可速來。不然，要看青龍與日相隔幾位，再用其定幾年。**例如**甲日占，龍乘加辰與日隔三位，為遲三年。再看其神與支隔幾位，因而定其月。**例如**戌為支，辰戌(隔七位為七月)。再看天盤上神，長生之地為何神，因而定其日，**例如**青龍乘午，午長生在寅，寅日加辰，辰中有戊土，是為戊寅。再看青龍臨地盤之神，因而定其時。**例如**青龍所臨之下為辰，即辰時。其祿神下之神，即食祿之方位。

⑦ **赴任擇日：**赴位之方為門。赴任之日為門上神剋行年上神，主有難歸鄉之凶災。行年上神剋門上神，主有傜役，不得安寧。春天赴任占得金局，夏天赴任占得水局，秋天赴任占得火局，冬天占得土局，都稱

為『反本煞』。或赴任占得反吟卦，都主事業不長久，做不滿任期。

⑧ **求官占吉者**，有祿馬扶身，貴人臨天門，沖藏殺沒及甲子、庚寅日的伏吟課，以及太歲、月將臨干或做發用初傳，皆主官高德厚，官做得久，事業旺暢。

⑨ **青龍、太常乘初傳生日干**，或與日干比和、帶德神、皇書、天詔，月將，又為官星者，可做高官。一般人也能得重要位置。

⑩ **干為馬、辰為龍**，辰加午稱為『馬化龍』，再乘天馬、驛馬、青龍，或寅木生午火，無空亡刑害者，得官位很迅速。官星帶天馬或驛馬，得時旺相，或乘太常發用做初傳，再帶三奇、六儀、乘軒等吉課，能事業顯達。

⑪ **卯日卯為發用初傳**，或卯命卯為發用初傳，酉日酉為發用初傳，或酉命酉為發用初傳，稱『龍戰格』，再帶皇恩、天詔，主其人可得雙重官職。

上司或長輩之助而得官。

⑫ **丑或未做發用初傳**，上乘貴人，干支上神帶驛馬，天馬、祿神，主因

或年命上神生官星也稱為『催官使者』，皆主得高職位很迅速。

日鬼乘白虎，加年命或干上稱為『催官使者』。官星臨日干，在三傳上

⑬ 日上神為發用初傳又為日墓，或上乘白虎，或為凶神、凶將，或三傳

為折腰空陷者，主輕者為疾病，重則有生命之災。

⑭ 三傳自下賊上，遞剋日干，或自上剋下，遞剋日干，又有朱雀發用初

傳，若無德解救，會有被彈劾之凶事發生。

⑮ 初傳乘青龍，末傳乘螣蛇，稱為『化蛇』，主求官職、工作不可得。有

職位也會降職。

⑯ 官星帶貴神、天詔、皇書等臨干或發用為初傳，主雖官位會顯達，但

若中傳、末傳帶死氣、死符，主喜中有憂，求職會中途受阻，或有職

務也中途遭禍。只有佔高職才能安。

⑰初傳帶丁神、驛馬、生氣，但坐空亡，為求官不得。

⑱**四課皆上剋下為無祿課**，求職無望。雖干上神或初傳為官星也是虛名，或得低微之職。

四、占考試

①**占考試之類神：**朱雀為文字，天空、青龍也為文字。印綬為文書。太歲為考場。辰戌為魁首，酉金為亞魁，月將為考官。

②占考試之神殺，『帘幙貴人高甲第』，即白天占夜貴為『帘幙貴人』。晚上占日貴為『廉幙貴人』。

③**類神居旺相與日干相生**，主能考上。類神乘休囚之氣又與日干相剋，三傳有空亡，則主考不上。

④帘幙貴人臨行年，本命，日干上，則考試能中榜。如六甲旬首做簾幙

貴人又臨年命，日干上之神尤會中榜。例孺辛酉日夜占，寅木帘幙貴人臨年命、日干為是。

⑤甲戌、甲辰二旬中占考試運，得辰或戌臨年命，日干者，必會考得榜首，因辰戌為魁罡之故。

⑥**占考試**，年命或日干為丑加未，未加丑，亦能做榜首。

● 如果太歲、月將臨干支或生合日干，考試必中。

● 三傳逢日德、日祿、長生，考試亦會中榜。

● 日德加亥為用神，主其人會高中金榜。因德祿入天門，有得。

⑦凡德祿類神入空亡者，則考不中。

⑧占考試逢朱雀剋帘幙貴人，主文章不合考官之意。

⑨**放榜前占事**，逢朱雀臨丁馬，必金榜高中。

⑩**帘幙貴人之喜忌：**甲日不喜未，庚日不喜丑。若正巧逢未月、丑月，而旺為庫，主功名入庫，又為吉。甲寅日見丑為空，庚寅日見未為

● 六丙日，六丁日不喜見亥，因官鬼剋身之故。

● 己卯、己亥日見申為空，六壬、六癸日見卯為脫氣。壬寅、癸卯日見巳為空亡等，雖有帘幙貴人，也為無用，要注意。

⑪ **普通小考試以月建為考試官**，中等考試及學校校區、校際考試以歲破為主考官，會試及地區考試以月將為考試官。**國家考試及世界國際比賽，以太歲為考試官**，要生合有情而為吉象。例如太歲乘吉生日干作貴，又臨干發用為初傳，五馬交馳，六陽數足，能見世界排頭名。

⑫ **占武舉(今以軍警搏擊、槍擊或體育選手比賽為占)**，以巳為弓，申為箭，午為馬，三者並現，又乘吉將，不落空亡者，能得第一。申加午，為中紅心。三傳剋日，有陽刃、祿馬一起者，主吉，能得名次。

對你有影響的

法雲居士⊙著

在每個人的命盤中都會有羊、陀、火、鈴出現，這些星曜其實會根據其本身特質來幫助或影響命格，有加分、減分的作用。羊、陀並不全都不好。火、鈴也有好有壞，端看我們怎麼運用它們的長處，和如何抵制它們的短處，就能平撫羊、陀、火、鈴的刑剋不吉。以及利用它們創造更高層次的人生。

星曜特質系列包括：『殺、破、狼』上下冊、『羊陀火鈴』、『十干化忌』、『權、祿、科』、『天空地劫』、『昌曲左右』、『紫、廉、武』、『府相同梁』上下冊、『日月機巨』、『身宮和命主、身主』。此套書是法雲居士對學習紫微斗數者常忽略或弄不清星曜特質，常對自己的命格有過高的期望或過於看輕的解釋，這兩種現象都是不好的算命方式。因此以這套書來提供大家參考與印證。

五、占婚姻

①**以干為己，以干上所乘之神來應己之事**，以支為對方，支上所乘之神將來應對方。**男子占婚姻**，則以天后為女，以財星為妻。**女子占婚姻**，以六合為男，以官殺為夫。其所乘之神應夫妻所臨之將來應嫁娶之日期。並以青龍為喜神，以六合為媒人，以朱雀為庚帖。以太常為聘禮。以其所乘之神來應喜、應媒、應庚帖、應聘禮。

②**占婚姻之神煞**

天喜：春在戌，夏在丑，秋在辰，冬在未。

天馬：正月起午，二月在申，三月在戌，四月在子，五月在寅，六月辰，七月在午，八月在申，九月在戌，十月在子，十一月在寅，十二月在辰。

寡宿：春在丑、夏在辰、秋在未、冬在戌。

孤辰：春在巳、夏在申、秋在亥、冬在寅。

病符：為歲後一辰，子年在亥，丑年在子…如是。

金神：子年在酉，丑年在巳，寅年在丑，卯年在酉，辰年在丑，再周而復始。

桃花：巳酉丑在午，申子辰在酉，亥卯未在子，寅午戌在卯。

③**占男女優劣**：青龍旺相者，男為品性佳之人。居死囚，夫不良。

●青龍的陰神上乘貴人，主男為貴客。例如庚申日申時卯將占，青龍乘申，陰神在丑，上乘丑貴是『龍化貴』即是。

●天后旺相者，女為品德好之良婦，天后居死囚，主該婦女不良。

●天后的陰神上乘太常，則女為貴婦之命，例如丁酉日申時巳將占，天后乘子，陰神在卯，上乘太常，為『后化常』即是。

④日上陰神氣旺相，主男家富有。陰陽神比和相生，則家庭和合，辰上陰神旺相，主女家富有。陰陽神相生比和家庭和合。

⑤如果青龍、天后所乘之神有刑沖剋害不相合的狀況，或落空亡，又見孤寡，或干支上神刑衝破害而不相合，有空亡，或乘惡神者，要看是何剋害，而有何不吉之處。

●若青龍乘神剋天后，或干上神剋支上神者，主為男剋妻。

●若天后所乘之神剋青龍和支上神剋日干者，主為損其夫之婦。

⑥**看婚姻和合：**

●干上神與支上神比和，或與三傳三合、六合，德合者，婚姻會成功。

●青龍、天后所乘之神與干支上神無刑沖破害者婚姻會成功。**其中：男占婚，重支上，女占婚重干上。**

●六合所乘之神與青龍、天后所乘之神比和而不刑沖破害主婚姻會成功（六合為媒）。

●青龍做發用初傳，六合乘寅卯者，或子加丑做發用初傳，上乘太常者或三傳比合相生乘吉將而無空亡刑害者，或是三傳見喜神，又乘青龍、

六合、天后者，皆能成就婚姻，主和合。

⑦ **看婚姻破敗：**

- 有干上神與支上神刑沖破害不相合者，主婚破。
- 干支與青龍、六合、天后所乘之神有刑沖破害者，主婚破。
- 干支上下神相剋，或干上神剋支上神，支上神剋干上神者，主婚破。
- 三傳相刑，又有白虎、天空、空亡做發用初傳者，以及干生三傳，但不見天后、六合者，或男女在行年上神刑沖破害相剋者，或課傳不太吉，而天罡辰土加寅申巳亥者，或是男子占婚有妻財空亡者，或是有女子占婚，有官鬼落空亡者，皆有婚姻不成，或破耗之象。

⑧ 交連相剋，主男女不合，意志不合，例如：日干剋天后所乘之神，為女方不願。天后所乘之神克干，為男方不願意。日干剋天后，為男方不願娶。天后剋日支，為女方不願嫁。支上神剋干上神，為女方拒絕。干上神剋支上神，為男方拒絕。

⑨ **占成婚之期：**

占成婚之期有遠近之分，遠者，男子以青龍的陰神為婚期之年，女子以天后的陰神為婚期之年。進期則以青龍或天后的陰神來定月、日。若占結婚之日，大吉(丑)所臨之支即婚期。

⑩ 四課俱全，支上神旺相，三傳為吉神良將者，主女子端正，四課陰不備，三傳見六合乘亥卯未酉，與辰巳乘太陰者主女子有邪氣。如果女子占婚，則以干上神為主，旺相者主男子端正，否則有邪氣。

⑪ 課體中有神后、天后入課且旺相者，主女子貌美。如果初傳發用為子加巳或加四季，或女子命上神見魁罡者貌醜。

⑫ 三傳有子孫之神者，主其人有子。三傳皆為父母之神者無子。

- 六合與本命上神相生者，主有子。六合剋本命上神者無子。
- 課傳為四上剋下，或四下剋上者，稱為『絕嗣』、『無祿』、『無子息』。

⑬ **子臨命上神者，會先生女後生男**。午臨命上神者，會先生男後生女。

⑭ 六合、中傳皆為媒人類神。中傳入死囚之地，或乘天空、空亡者，為媒人無力，雖說盡好話，但無用。中傳旺相乘吉將者，媒人得力可促成姻緣。

⑮ 如果六合乘初傳發用來生日干，主媒人要向男方多說合，多費心。如果末傳乘有六合生日支，則主媒人須向女方多下功夫說合。

⑯ 如果初傳發用為六合帶天喜，但落空亡者，雖媒人強力說合、美言但不成。中傳為死囚之氣又乘玄武，或六合為死囚之氣者，雖有媒人，但虛偽會洩露。

⑰ **六合與青龍、六合相合**，且無刑沖空亡者，會說親事順利。

六合加四孟，主媒人為有誠意之人。六合加四仲，主男人來做媒人。

⑱ 子加申，酉加寅，主男方有兩個妻子。申加子，寅加戌，主女方有二夫。

⑲ **巳亥相加為發用初傳**，主其人心搖擺不定。六合乘神剋天后為發用初

傳，主有強橫霸道之人奪妻。

⑳ **三傳中有天喜、德神與妻財、天后一起**，主其妻為賢內助。三傳中若有青龍與官星一起，主其女能作貴婦。

㉑ 三傳中酉乘丁神、或酉乘巳午，主其人為贅婿。日干和支上神為同一神，又上下相生者，主其為童養媳或自小訂婚者。

㉒ 初傳為日財，三傳有六合、天后者，為正式結婚者。若為淫佚，又帶奸門，主婚前不貞，有私通。

㉓ 干上神為發用初傳生支，主為男方追女方。支上神為發用初傳生干，為女方追男方。三傳中逢月將，當月就能結婚。

㉔ 三傳上見財神，遁干為日鬼者，主婚後與妻有打官司之事。男妻財之神被刑害，上乘朱雀者，也主婚後會與妻打官司。

㉕ 三傳中有六合、天后，逢沐浴、桃花，為自由戀愛成婚。

㉖ 干支上神與三傳成三合、六合，但合中有空亡、奸門、桃花和阻隔之

神時，多為單相思之戀情。

㉗支上神帶玄武成六合、三合局、附奸門、桃花、飛廉、無刑沖者，主婦人多養年輕男子。

㉘**初傳為子亥水神**，帶有桃花、奸門、羊刃，主因色情起殺人之意。

㉙初傳為天后，三傳為白虎、乘申酉主有惡夫。若沖害日干時，其婦害夫。與支刑沖剋害時，主會殺家人。

㉚初傳乘天后剋干，又帶咸池、奸門、病符，主因色情染病。

㉛干剋支上神，支剋干上神，主夫婦不和。若再有課不備，主夫妻各有婚外情。

六、占懷孕生子

①**欲占胎產**，以干為孕婦，干上所乘之神將來應孕婦之事。以支為胎。支上所乘之神將為應胎之事。並以青龍、六合、傷、食，胎神為胎。其所乘之神來應胎。所臨之天將來應生男生女。以天空、傷、食，養神為產。其所乘之神來應產。所臨之天將，來應產期。以孕婦本命為孕婦。其上乘下臨之神將來應孕婦所發生之吉凶。

②**占孕有無要看干支上神旺相相合**，三傳旺相，而發用初傳為子孫者，主有妊娠之喜。干支有白虎、天后、六合加臨，且入三傳者，主有妊娠之喜。

● 辰戌發用做初傳，上乘天后、六合者主有孕。胎神乘生氣發用為初傳，臨干支年命者主有孕。

● 夫婦行年上神子三合、六合、德合，更值天德、月德與生氣者，主有

孕。夫婦行年上神見子孫之神，無上下空亡、六害者主有孕。

●太乙巳臨婦女的行年上，乘六合者，主有孕。

●夫婦行上神相害，乘惡殺而不見子孫之神，主無孕。

●四課干支上神刑沖，三傳有休空亡，又不見子孫之神者，主無孕。三傳為丑亥酉者，因極陰之故，主無孕。

●子孫之神乘死氣、空亡，為玄胎課。乘玄武、白虎、螣蛇者，主會流產。

●巳亥日反吟，子孫又乘勾陳，主易動胎氣。

③孕婦行年上神為陽者，主懷男胎。為陰者主懷女胎。

●三傳中有二陰一陽，主懷男胎。有二陽一陰，主懷女胎。

④**課傳中有貴人、六合、青龍、太常等吉將一起出現**。三傳又生日干者，干支上下相生，又有吉神吉將者，或是太歲與干支入三傳相生者，或是青龍加占時為發用初傳者，所生之男女嬰，皆乖巧聰明。

⑤課傳中有天空、玄武、白虎者，或是干生三傳者，或是干支上下刑剋沖害又乘凶神惡將者，或白虎加占時發用初傳者，主生產子女皆不肖。

⑥**干上神剋支上神者，**六合乘神剋天后乘神者，或墓神蓋支而不見刑沖者，或三傳剋支，有螣蛇、白虎入三傳，支乘死囚者，都主生產時會傷到母親。

⑦支上神剋干上神者，或天后乘神剋六合乘神者，或墓神蓋干不見刑沖者，或三傳剋日干，有螣蛇、白虎入三傳，而干乘死囚之氣者，主生產時會傷到小孩。

⑧**干支交連互剋，**有天后及六合相刑，干支上下，及四課三傳無一吉將者，主生產時母親及嬰兒都受傷。

⑨伏吟課中無丁馬、驛馬，而且三傳乘凶將時，主會有難產及產厄。孕婦行年為鬼殺做發用初傳，主生下死產或嬰兒會死亡。若有螣蛇加支上，主母親產後多災厄。

⑩ **庚辛日白虎乘子或支上神為為卯乘天空**、或卯加辰，主所生嬰兒會殘廢或有兔唇。

⑪ 三傳皆旺，末傳乘天后，或課體成不備而日脫者，主為不足月早產。初傳發用為空亡，末傳歸實地，或陽日昴星課，或伏吟課無丁馬者，主生產期超過很久才生產。

⑫ **胎神**：甲在酉，乙在申，丙戊在子，丁己在亥，庚在卯，辛在寅，壬在午，癸在巳。

⑬ **貴人乘子午卯酉**，加寅申巳亥，與壬戌日伏吟乘天空者，主會生雙胞胎，孕婦行年上申乘天后，命上神見神后子，亦會生雙胞胎，初傳發用有巳亥相疊，例如甲乙日螣蛇乘巳。戊己日虎乘申，庚辛日玄武乘亥，壬癸日青龍乘寅，都主生雙胞胎。

七、占做生意進財

①**做生意，以干為人，干上所乘之神將來應人之事。以支為業**（生意）支上所乘之神將來應生意事業。並可以干為本身，支為合夥人。並以財星為資本，以其所乘之將應資本，所臨之將來應賣貨方或得財之期日。並以類神為貨物，以其所乘之神，來應賣貨方，所臨之將來應買貨方及得貨方。以印綬為利益。其所乘之神來應利益，所臨之將，來應得利益期。亦以驛馬為行程，其所乘之神，來應行程，所臨之將來應行期。

●**並以六合為經紀人**，以六合與所乘之神，來應經紀之事，所臨之將來應經紀方。

●**以卯為舟車等之交通工具**，卯與所乘之神來應舟車等交通工具，以所臨之將來應貨被載到之日期。

②日干所剋者為財。青龍為財神，六合亦為財神。遁干之財及日干所生之神為暗財。

●三傳皆是財，財多反而無財，為以財化鬼之故。

●三傳無財，而子孫成局反而有財，以子孫能生財之故。

③**三傳皆是財**，例如甲乙日三傳為土局，或丙丁日三傳申酉戌等等，此類稱為『財多化鬼』。主求財而得不到之象。

●發用初傳為干財，但乘天空，或四課三傳中皆無財帛，青龍又乘寅，有空亡，入墓，或干支上神皆與日干比和，亦都是求財求不到的現象。

④財神入三傳或臨干支，或臨行年之上，無沖剋，求財順利。

●青龍乘神為日之長生，臨干支上，無沖剋，求財順利。

●若干剋初傳財神，初傳剋中傳，中傳又剋末傳，主能賺大錢。

●發用初傳為財神者，主財多。財神居中傳或末傳者，財少。

●干支和行年上有財神叫做『三財』，主得財豐厚。太歲做財神，臨青龍看主得財多。三耗臨干，即使有財星，也是小財。三傳都是財神而身弱，主因財化鬼，只能得小財或無財。

⑤ **財神乘貴人**，主得貴人、長輩、上司之財。或因舊宅、畜牛、橋樑而得財。

●**財神乘螣蛇**，主得婦女或醫生、工匠之財。加凶神，能得冒險之財。

●**財神乘朱雀**，主得官吏或善人之財。亦或文書、文章之財。

●**財神乘六合**，主能得官員、術士、和尚、到處行商之財。

●**財神乘勾陳**，主能得惡人之財，或因打官司，賣田產得財。

●**財神乘青龍**，主能得高級公務員或信宗教同流之財，以及書籍、薪水之財。

●**財神乘天空**，主能得官吏和做僕人之財。以及墳墓、宅舍、印信、獄具之財。

●**財神乘白虎**，主能得做兵卒，僧道，或服孝服辦喪事之財。

●**財神乘太常**，主能得貴人，或年老之人，或女性親戚之財，以及婚姻飲食之財。

●**財神乘玄武**，主能得小孩子或盜賊之財。以及倉庫，畜養之財。

●**財神乘太陰**，主能得婦人，姻親、奴婢之財，或用計謀來得財。或是金銀珠寶、或小麥、穀類之財。

●**財神乘天后**，主得女性、妻子、女友之財，或得女性用品之財。亦或是水利或酒醋之財。

⑥**假如干支上神相生相合**，主買賣生意可做成。干剋干上神，支剋支上神，則主能獲厚利但財慢進財。干上神生干，支上神生支，主獲利少但快速。

⑦**財星在驛馬前做發用初傳**，主能發橫財。若又帶刑冲及相害者，主其人是靠暴力黑道而發財。

⑧**課體中有四上剋下為無祿課**，求財主無財和得財少。若三傳生干，主

必須和他人交朋友才能得財。

⑨**欲以賭博求財者**，須看干支，干為客，支為主，支剋干者，為斷主會勝。干剋支者，斷客會勝，都要以上神論斷。

⑩**干上財為外財**，支上財為內財。丁馬財為遠財。要看何者為旺相，則能求而獲財。

⑪**日干剋白虎**，主有橫財到來。日干剋朱雀，主有財物上門。干剋太陰，主會有金銀珠寶自己來你手上。

八、買房地產

①**以干為其人，支為房宅，支之左右為其人鄰居**。以日上神為舊宅，以辰上神為新買之房地產。倘若日上神旺相，主舊宅好。假如上神剋日，則主自己不想住進新宅。若辰上神旺相，主新宅好。若上神剋辰，則

新宅住不久。再以辰上神看新房子的旺衰。再以辰上天將論新房子的興盛周期，看看無空亡，例如有子孫逢空，則主小孩易遭不測。

②**看房地產的類神：**子為房、為臥室。丑為廚房、花壇。寅為前走道，又為書房。卯為前門，辰為佛堂。巳為灶，為電線系統。午為客廳。未為井或化糞池。申為後走道、後陽台，以及下水道系統。酉為後門。戌為浴室。亥為廁所及陽台、儲藏室。再加以房主、本命上神一起看，有相生主屋與房主相配合，主新屋大吉。若有相剋不吉，宜小心遭災。

③**占是否能買到好的房地產：**一、干上神生支，支上神生干者。二、干支各受上神來生者。三、干上見支之旺神，支上又見干之旺神者。如甲申日，甲上酉，申上卯，干支上各乘旺神者，例如甲申日干上卯，申上酉。三、支上有德合，乘吉將而不空亡者。四、干支上神逢貴人而不空亡者。五、干支上神逢三合、六合，或交連互合且乘吉將者。六、支加干生干者，如甲子日、甲上子。七、有貴人，六合、青龍、

太常臨干支且為發用初傳者。以上七個狀況，都主可買到吉祥多福的、好的房地產。

④**如果干上神脫支**，支上神脫干，或干支各受上神所脫者，則主所買之房地產不吉，住進去後會生病及遭盜竊之事。

⑤**如果干上神剋支**，支上神剋干，或干支各受上神所剋者，則主該房地產有瑕疵毀壞，也會使居住者遭災。

⑥**如果干上神墓支**，而支上神墓干，或干支各被上神墓者，主該房地產很晦暗，人住在內會昏昏沉沉、頭腦不清。

⑦**如果干上神為支之敗氣**，支上神又為干之敗氣，例如甲申日，甲上午，申上子，或干支上各乘敗神者，主該房地產會導致嚴重損壞，也會使人受傷。

⑧**如果干支上神為空亡者**，干又臨支受剋，支加干剋干者，主該房地產很寬廣，但住人少，也會遭外人欺侮、侵入。同時屋內住人會以下犯

上，對長者不尊。

⑨如果1．支上神為太歲，月將乘吉將者。2．太歲乘貴人加支者。3．支上神生支者。4．支上神為生氣乘青龍吉將者。5．支上神為支德，或逢天喜者。6．支上神與干上神比合或有三合、六合、德合，且乘吉神者。7．支上神旺相或自旺者。8．三傳旺相，發用初傳乘吉將、支德、不剋干者。9．發用初傳為支之長生，乘吉將者。以上九個現象，皆主能買到吉宅，且家宅吉慶，房地產會為你生財。

⑩如果1．支上神為休囚入墓、絕，又乘凶將者。2．支上神雖有生氣但剋干者。3．支上神盜支、墓支、敗支者。4．支上神為空亡者。5．支上神與支刑冲破害者。6．三傳皆休囚乘凶將，發用初傳為支德卻空亡者。7．太歲乘白虎加支上者。8．支上神剋支者。9．三傳都為支之鬼，或發用初傳為支鬼，又生干者。以上九種狀況皆主所買之房地產為不吉，恐會敗財、耗財。

⑪ **若貴人加宅**（支為宅），主房地產吉，住在其內，故生貴子，財富豐隆、興旺。再乘吉神，主住入此宅之人能受人欽佩尊敬。如果乘凶神，則主此宅內之小孩子會有災，會虛驚一場。

● **若螣蛇加宅**，主此宅屋易發生火災、鬼魅，會損害女人及小孩。住在其內常發生驚嚇奇怪的事。睡覺也易做怪夢。

● **若朱雀加宅**，主此房宅屋內屋外皆吵雜喧鬧不停。家中會有求親文訂之喜，但也會有人患眼睛疾病。如果為『午酉』占逢，則主此宅會造成宅中婦女不和，有口舌是非及遭詛咒之事。

● **六合加宅**，主房地產一直有修造工程。家中會多進人口或親戚眷屬同住。戊己日占時，主會有人送東西來，主有添丁進寶之喜。

● **勾陳加宅**，主房地產容易毀壞，家中人易傷風，小孩子有宿疾之病。三傳若逢白虎，主此房舍中有久患血病的女主人。三傳逢朱雀，主此房宅有爭訟之事。

●**青龍加宅**，主房地產，富麗堂皇，高貴美麗。宅內多富貴之事，子孫好娛樂。如果三傳又逢六合，主會多增加小主人。若三傳又見三合，主屋宅多積財寶，宜小心看管。

●**天空加宅**，主房地產會使人家運衰退，主人多憂愁，財多散失、耗財。家中女人、小孩多災、多病。

●**白虎加宅**，主房宅易使人生病、死亡，有喪禍。若三傳見朱雀，主有官司訴訟。若三傳見貴人，主有病痛、受傷。若三傳見勾陳、玄武，主家中小孩有難治之病。

●**太常加宅**，主房宅常修整裝飾。家中常有歌聲、音樂聲在歡唱，常借給別人開宴會。女人若占到此占，主會得到娘家的支助財物而富有。若三傳上有螣蛇、白虎，要小心有喪服之事。

●**玄武加宅**，主家宅中遺失財物。偷盜者也會逃走、抓不到。房宅不吉，會損家長、小孩、女人都有災，或有遭溺死之人來作祟。

●**太陰加宅**，主此房宅會多生貴女，也有異姓過繼過來的事。財物能暗中積蓄。亦主會生有福祿的小孩。如果乘死囚之氣，則錢財會損失，小孩子很少或不生，宅中有老婦會病死。

●**天后加宅**，主此房宅主生貴女。若發初傳為太常。則主宅內有寡婦。如果發用初傳為螣蛇，則主宅內人多災病。如果三傳上有青龍、太常，主宅內人有結婚之事。如果三傳上有玄武，主宅內會有女人及小孩遭災損傷。如果三傳有六合，主宅內有邪淫之事。

⑫ **如果支加干乘青龍**，主此宅為寄居之所，不是你的房地產。

●如果有天后、太陰臨支，為不備格者，主此房宅對女人有利。

●如果子午、丑未相，且乘朱雀者，主宅內兄弟不合而分居。

●如果未加寅乘朱雀做發用初傳，其宅內必定有佛堂。

●如果戊土又稱天目、臨宅，主房屋下有死人或有其他怪異之物。

●如果三傳中巳火乘天空，主宅內灶台要修理。

●如果宅上神脫宅，主家中窮困、多虛耗錢財。如果宅上為絕，則主家人會死亡，宅上神為長生，家人平安。

●**支上神為支墓**，又剋支帶死神，主住宅下有死人，使你家宅不寧。

●**若有羊刄臨宅**，主家人多流血、負傷、多災，女人產孕有災不保。

●**若干上神為干鬼**，又乘六合，主外人來家中而發生邪淫之事。

●**若支上神發用為初傳**，又帶死氣、死符、又刑支，主家中有死人。

●**如果有玄武發用為初傳**，帶劫殺刑剋日干，三傳上有奸門、陰煞，主家中會發生傷害婦女之事。

⑬假如與人共居，共租一房宅，要占吉凶，**則以干為我，支為彼**。上剋下，則主對同居者不利。下賊上，則對我不利，下生上，則有利於我，上坐下，我會照顧他，對他有利，同住者的性格，則以是上神所乘之將吉凶來做判斷。

九、占疾病

①**若要占疾病，以日干為人，以支辰為病**。以干上所乘之神為應生病之人。以支上所乘之神將來應病。並以白虎為病症之類神，其所乘之神來應病症好壞，所臨之將來應經絡。

●亥子屬腎。巳午屬心。寅卯屬肝。申酉屬肺。辰戌丑未屬脾。

●亥子主膀胱。巳亥主頭面。寅申主手足。辰戌主頂門。丑未主肩背耳。卯主大小腸。酉為肝、肺、膽。

●若金神乘白虎，主肝經受病。可治肺，不可治肝。

●若木神乘白虎，主脾經生病。可治肝，不可治脾臟。

●若水神乘白虎，主心經生病。可治腎，不可治心臟。

●若火神乘白虎，主肺經受病。可治心，不可治肺。

●若土神乘白虎，主腎經受病，可治脾，不可治腎。

●**若火帶鬼主肺病**。若水帶鬼主有心病。若金帶鬼，主有肝病。若土帶鬼，主有腎病。若木帶鬼，主有脾臟之病。如果有鬼受剋，並加空亡，主雖有不治之症，亦會痊癒。

②**占病要以病人之本命及類相為病人**。以其上乘神及下臨之神來應病人吉凶。並以死神、絕神為死。以其所乘之神來應『死』。以所臨之將，來應死期(死的日子)。並以長生為壽。以長生所乘之神來應壽之事。以臨官為祿。以臨官所乘之神來應祿。以臨官所臨之將來應食祿期(存活期)。以驛馬為行動。以驛馬所乘之神來應是否可行動。以所臨之將來應行期(可活動之時間)。以長生為醫生，又為藥草。以長生所乘之神來應醫生之事，或藥草是否有效之事。以長生所臨之將，來應醫療之事、及應病退的時間(病好的時間)。

③**占病生死**：若類神逢空亡者，多主凶。例如欲占父母和長輩之病痛，則(一)貴人、父母逢空者。(二)占母病為太陰及父母逢空者。(三)占

叔伯之病為太常逢空者。(四)占兄弟朋友病，如有青龍、兄弟逢空者。(五)占子女病，有六合、螣蛇、子孫逢空者。(六)占屬下、傭人病，有天空、酉戌逢空者等等，以上六種皆主不吉，有危險。

④ 白虎乘神剋干支，白虎的陰神也剋干支者，主會死。

● 白虎、天后、螣蛇中任何一個入墓，即使不剋干，也主會死亡。

⑤ **為小孩占病：**四至十四歲的小孩，最忌有螣蛇剋干，易死。如果為女孩，則要看螣蛇之陰神剋干，也會有死訊。

⑥ 壯年人占病，有白虎入墓，主死亡。但老人不作此論。

⑦ 白虎為太歲臨日支，該年會得病。鬼殺臨支，有白虎、螣蛇。勾陳入三傳又成死氣或帶空亡者，主有死亡之災。死氣或空亡乘鬼殺臨干，稱做『催魂格』，占病主會死。

⑧ 死期看日干絕神，例如甲乙絕申，看申下為何神，若臨太歲者，不出一年會死。臨月建者，不出一月會死。臨月支者，不出一天會死。

⑨**病癒之日期以日干子孫之神來判斷**（子孫為剋鬼病之神）。例如：甲乙日占病，丙丁巳午為子孫，故斷為丙丁巳午日會痊癒。

⑩**白虎加辰**，為霍亂吐瀉肚。玄武加子，為腎衰竭之病。勾陳乘戌，為咽喉塞住。太陰乘申，主腰部腫痛。白虎加卯酉，為吐血、肺癆之疾。貴人乘辰戌，為虛腫之病。白虎乘丑，為腹中疾病。丑加亥乘虎，為女人月經不通順。

- 白虎乘未加干為發用初傳，主長輩或主人有腰部、腳部之疾病。
- 羊刃加干支之上，有出血之症或要開刀。
- 初傳及天地盤為土加土，主為咽喉之病。為金加金是腹內疾病。為水加水是心臟或急性酸痛，為木加木是腹脹之病。為火加火是氣喘劇烈咳嗽。

十、外出旅行吉凶

①**以日干為人，以支辰為所行之地，為去方**。干為陸路，支為水路。卯為車，申為道路。

②支上神剋日上神者，不可去。日上神生支上神者，可去。干吉宜行陸路、支吉宜行水路。卯臨螣蛇、白虎之神，主有驚嚇之事，會遇盜賊，要防。

③(一)日上神逢墓得冲。(二)魁罡臨日辰、年命、天馬、驛馬。(三)或丁神臨日為發用初傳。(四)或日上神旺相，又有天罡加季神。(五)或有巳亥加卯酉做發用初傳。(六)有伏吟課見丁馬等，以上六種皆主旅行順利。

④有(一)墓臨日，辰上又有墓。(二)日馬會三合、六合，馬值空亡。(三)馬臨長生，日上休囚。(四)天罡加孟，日辰上下相剋。(五)用神起貴

人入墓。㈥伏吟課無丁馬等六個狀況，為不宜遠地遠行。

⑤ **旅行吉凶：**

● 干上神旺相乘吉將，與支上神相生或相合，有天馬、驛馬入傳，不逢空亡，臨地盤生旺，又有德合者吉，反之不吉。

● 支上神生干上神，支上神年命者皆主大吉。日吉，年命剋支上神者為次吉，支上神剋干及年命者主大凶。

● 如果干支上下相剋，或有墓神覆蓋日干，或干上神乘空亡，均主旅行會中止，無法去。

● 三傳中，初傳吉，而中傳、末傳有空亡，主為中途返回。初傳及中傳有空亡，而末傳生日干者，只可去遠方主吉，不利近方。

● 如果支上神乘凶神惡將，主出門不利。有辰戌加干，主為迫不得已而出去旅行。

● 年命上神生『出行方位上神』者，主外出旅行會錢財耗費大，或遭盜竊損失。

●日干、日支上神為旺相、休，主宜外出旅行。乘死、絕不宜。

●三傳剋日干，主不宜外出旅行。干生干上神，主旅行開銷大，會負債。

●干上神乘螣蛇、白虎，中途會有驚嚇之事。

●**迷路時占路：**要看天罡辰。天罡加孟神，路在左邊。天罡加仲神，路在前面。天罡加季神，路在右邊。

十一、占失物

①**以干為自己、支為他人，或所失之物**。失物看類神。凡類神逢課傳，而不乘之武、不落空亡者，可於類神之地尋獲。

②**失物之類神：**青龍為錢財、貴重之物。太常為衣服、食品。朱雀為禽獸，書類。卯為車、船。酉是金銀珠寶、首飾之類。巳為弓箭、彎弩、

樂器類。功曹寅為木器和桌子、櫈子。亥為傘、繪畫、文墨之寶。未為藥物、酒食、儲藏品。戌為印鑑，辰為魚類、穀類。丑為米麥、牛隻等。

③如果玄武臨卯、辰、巳、午、未、申為白日偷走。臨酉、戌、亥、子、丑、寅，則主為夜裡偷走。

● 課傳上有類神，但逢空宅，主失物找不回。

● 如果有太陰、六合與類神作三合、六合，主可找回來。

● 如果類神臨干支，年命或墓為發用印傳者，主物未遺失。

④**占可抓到小偷否：**(一)若干上神能剋玄武所乘之神者，(二)或是行年上神可剋玄武所乘之神者，(三)或是太歲能剋玄武所乘之神者，(四)月建能剋玄武所乘之神者，皆主可抓到小偷。

⑤以課體來論斷，則若為『知一課』，主為鄰人拿走。若為『見機課』，主會在家找到。若為伏吟課，則主失物來遺失。

十二、占訴訟

①**占訴訟打官司，以干為自己**。以干上所乘之神將來應己之事。並以支為彼(對方)，以支上神來應彼之事。以類神為訴訟之人。例如以德神為父。以長生為母。印綬又為父母之類。

更以下列類相為訟事：青龍代表錢財。勾陳代表田地、田產、房地產。卯為舟車。午為驢子或馬之類。

②**占訴訟會以六合為中間證人**。以六合所乘之神將來應中間人或證人之事。並以朱雀為呈堂詞供，或為差解拘票，以朱雀所乘之神來應呈詞、拘票之事。以所臨之將，來應呈詞之日或發出差解拘票之日。

●**占訴訟會以官殺為法官**。以官殺所乘之神來應法官之事。以所臨之將來應訊問口供之日期。以寅為書吏(書記官)。以勾陳為居差拘警。以寅或勾陳所乘之神，來應書記官或拘警之動作。寅或勾陳所臨之將，來應被抓、被拘提的日子。

●**占訴訟會以絕神為息訟**。以絕神所乘之神來應訴訟停息之事，以絕神所臨之將，來應訴訟停息之日期。

●**占訴訟以刑煞為刑罰、或坐牢**。以刑煞所乘之神來應刑罰以刑煞所臨之將來應受刑日及執刑官。

日月機巨《上冊》

日月機巨《中冊》

十三、願望

①**欲占願望是否能實現，專以類神為主。例如要求財，**（一）就須青龍、財神要在課傳之上。（二）如果有類神在課傳上，干支上神為比和，又乘吉神者。（三）初傳發用所乘之貴神與日相合而又落空亡者。（四）三傳與『連茹格』而空亡者。（五）年命上神與所謀願望之類神相合者又無冲刑，不落空亡者。（六）貴登天門，罡塞鬼戶者（如甲日，丑加寅為『貴登天門』。辰加寅為『罡塞鬼戶』）。（七）貴神覆蓋日干者。（八三傳皆吉者。以上都主願望可成。

②若（一）類神不見於課傳。日上神與支上神刑冲破害，而不相合者。（二）發用初傳與日干刑冲破害，而天官又乘惡冲者。（三）日上神與發用都值空亡者。（四）發用初傳為空亡，又乘空亡者。（五）三傳居空陷者。（六）干支坐墓，或干支互墓，與墓神蓋日，墓神做發用初傳而不見刑冲者。

（七）日辰命上乘之神皆凶，而發初傳又凶者。以上七種皆會願望達不成。

③**占願望**，課體上有類神旺相，主快速達成。類神休囚者主遲又慢，未必達成。劫煞發用做初傳，會速凶。驛馬做發用初傳不會太快。類神臨卯酉，主占願望迅速。臨辰戌為遲。

④干傳支，為我會求人。支傳干，別人會來求我。三傳上有貴人，順布則事順。三傳為貴人逆布，則事不吉。

⑤三傳之初傳剋末傳，末傳為凶神凶將，初傳為吉神吉將，則初傳剋末傳，反為救神，主有吉慶之事。

26 論向背

① **吉將得地為「向」**，不得地為『背』。以天盤之神所臨地盤上之位，如果旺相為得地，為『向』。若居陷、落空亡、入墓、受剋、及遇刑、沖、破、害為不得地，即為『背』。

② **生我者為「恩主」**。我生者為『救神』。剋我者為『鬼賊』。我剋者為『財星』。上述皆為正也。如果變而通之，則有見生不生，不如無生者。例如木日，以水為生。如果水居旺金之上，水自喜生，不來生我。又水居旺土之上，水自受剋，亦不能生我。縱然是干支或行年上見水，也不能生我。如果水臨空亡，其凶會更甚。如果占父母或長輩之疾病，主會無法救。如果占求助長官幫忙，亦主不幫忙。

③ **「向背」中有見剋不剋，不如從賊者**。例如木日，金為鬼。若旺土之上

有金，金自喜生，不來剋我。或者，金居旺火之上，金自受剋，而不能剋我，或金陷空亡，亦不能剋我。

④**「向背」中有見財得不了財，而枉費心機者**。例如木日，土為財。如果申酉之上有土，生金剋木，為易入反掌之事，此稱為『財入鬼鄉』非只算無利可圖，其害更大。即使土居室亡，也有不吉。

⑤**「向背」中亦有見救不救，災須自己受苦者**，例如：木日見金，得火為救，若火居旺水之上，火自受剋，則不能救木。火居旺木之上，火自喜生，不能救木。火若空亡，則會無力制鬼，也不能救。如果無鬼而有救神，反為盜洩木，也不能說吉。

⑥**「向背」中有見盜不盜，根與本皆無消耗者**。例如木日火為盜、洩，若火居旺水之上，火自受剋，則不能盜洩木。若火落空亡，更是無力為盜洩之事。這都不能言凶了。

⑦課傳中雖多妻財，而干支、年命上並無父母爻，便不能一定斷言父母

有災。只有干支、年命上先有父母，而後課傳又多見財神，才可言父母、長輩有災。或求財不順，或婆媳不和等事。

●如果日上乘官鬼能生父母，盜其財爻，則父母反而無災。

●**又例如：**三傳上見父母，而干支、年命上見兄弟，則子孫無災。

●**又例如：**三傳上見子孫，而財臨干支，則子孫受洩，只利於升官和考試，但占訴訟被判罪。占疾病會難痊癒。

●**又例如：**三傳上見有官鬼，而父母臨於干上，則主自己和兄弟無災。

●**又例如：**三傳上見兄弟，而子孫臨干，則子孫被生，兄弟遭洩而妻子無災，財也更豐多了。

27 論進退

①三傳皆有旺氣，則可處事急進。三傳有休囚、絕、退氣，則主處事宜退守。如三傳中旺氣逢有空亡，宜退守不進。如三傳中有休、囚絕退氣逢空亡，則宜積極進取。

28 論存亡

① **占人存亡死活時，以得生旺為存活**，以死墓為亡。如果要占人知不知道死活之事。專看白虎剋支上神，則主其人已死亡，沒有剋害者則主存活。若占多年失聯絡之人的存活，則以行年臨孟則會存活，臨仲則主其人會生病，臨季，則主其人會亡故。

29 論新舊

① **占新舊**，以發用初傳旺相，主其為新。休囚為舊。長生為新。墓神為舊。孟神(寅申巳亥)為新。仲神(子午卯酉)為半新。季神(辰戌丑未)為舊。陽日用，起長生為新。有墓神為舊。陰日要看日德，日德之長生為新。日德之墓為舊。

② 如果發用初傳為新，而陰神為舊，或發用初傳為舊，陰神為新，如此都主新舊參半。

③ **如果舊臨新為初傳發用**，主舊事復新。如果新臨舊為發用初傳，主新事帶有舊樣。

④ **占物品**，如果有新神發用為初傳，主為新的物品。有舊神發用主為舊的物品，也為已死之物。

⑤**占六畜**，如果初傳發用為旺相，無刑剋，主為自己畜養之物。若為休、囚、死、墓，或逢刑剋，則為已被殺之牲畜。

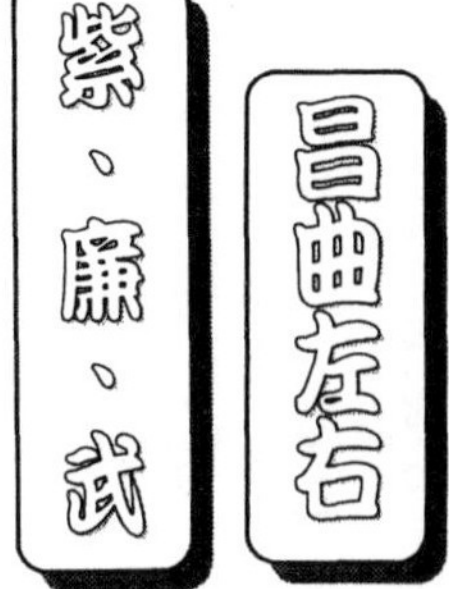

30 論貴賤

①**論貴賤，以旺氣為主貴。以衰氣為主賤**。以天乙貴人為貴。以螣蛇為賤。以太歲為至尊，和月建一起，主為長官，這些都為旺，然而亦有得地剛合格之位也為貴。在敗、絕、空亡，以為賤。

②**貴人坐印為有祿**，也是貴。再逢此敗、絕、空亡是賤。

③**例如**：甲子日以乙丑為貴。丑加申，見壬申。壬為甲之印，故為坐印，此為有祿之人來生我。

●**又例如**：甲子日以辛未為貴。未加辰，見戊辰。戊為甲之財，為坐財。但戊為生辛剋日，反主有祿之人害我。

●**又例如**：庚寅日，見丙戌。丙為庚之官殺，為日鬼。戌臨亥，火絕亥，是害我者，為貧賤之人。

31 占事舉例

占婚姻可成否

例：辛巳日辰時酉將(申酉空亡)

后	己	卯	財
空	空	申	兄
蛇	丁	丑	母

后	空	陳	后
卯	申	戌	卯
辛	卯	巳	戌

	陳	合	雀	蛇	
	戌	亥	子	丑	
龍	酉			寅	貴
空	申			卯	后
	未	午	巳	辰	
	虎	常	玄	陰	

某君以此例占婚姻是否能結得成，以及子息多少。以干上神卯木生日支巳火，支上神戌土生日干辛金，為『互生格』。主相互有益。但卯財發用做初傳，而中傳申為空亡，末傳坐空，占婚姻為可結成婚。但剛開始恩愛，後漸不佳。有天后乘卯，稱為『臨門』，主家宅不寧，家中有奸邪之事。課傳中不見類神子孫，故主無子息。果然於結婚數年後離婚，無子女。

占官運

例：丁酉日辰時申將占(辰巳空亡)

官鬼	亥	己	貴
父母	卯	癸	常
子孫	未	乙	陳

貴	常	陰	空
亥	卯	丑	巳
丁	亥	酉	丑

	雀	蛇	貴	后	
	酉	戌	亥	子	
合	申			丑	陰
陳	未			寅	玄
	午	巳	辰	卯	
	龍	空	虎	常	

某君欲占官運升等之事。初傳即見亥水官星乘貴人做發用初傳。並兼有日德臨干。三傳亥卯未又合木局，能生日干丁火。是故積極努力參加特考，能如意升官。

占生意可成否

例：癸巳日丑時寅將（午未空亡）

官鬼	未 空	陳
父母	申 甲	龍
父母	酉 乙	空

陳	合	貴	后
未	午	卯	寅
午	巳	寅	癸

	合	陳	龍	空	
	午	未	申	酉	
雀	巳			戌	虎
蛇	辰			亥	常
	卯	寅	丑	子	
	貴	后	陰	玄	

一位文具商欲承包某大公司之文具庶務生意，欲占可成否。

此例中：以鬼官乘未逢空亡為發用，主開始即不妙，後又有午火妻財臨支，午財又為旬空，其人之財多為家財又逢空，因酉金乘天空，為僕婢類神，故公司內有女職員作怪，生意不成。亦恐有官司之禍。因行年酉上見戌，戌乘白虎兼帶血支之故。後果真有女職員跳槽，帶走生意。

占考試運

例：庚辰日卯時午將(申酉空亡)

后	戊	寅	妻財
常	辛	巳	官鬼
龍	空	申	兄弟

雀	后	空	合
亥	寅	未	戌
庚	亥	辰	未

	龍	陳	合	雀	
	申	酉	戌	亥	
空	未			子	蛇
虎	午			丑	貴
	巳	辰	卯	寅	
	常	玄	陰	后	

替外甥女占大學甄試得願否。得此課，三傳有寅為妻財做發用初傳，為日干之財。中傳為官鬼，但末傳申金逢空亡，為德神、祿神逢空亡，主為有頭無尾，考試有些難。但有亥水為庚是盜賊之氣，並為朱雀，又為太歲。朱雀主文彩，因此還蠻會答題的。更加本命上乘貴人，行年上神乘六合，主為父母、為印綬，故能得師長推薦進入舞台設計類之科系就讀。

對你有影響的

權、祿、科

法雲居士⊙著

在每一人的生命歷程中，都會有能掌握一些事情的力量，對某些事情能圓融處理的力量。又有某些事情是使你頭痛，或阻礙你、磕絆你的痛腳。這些問題全來自出生年份所形成的化權、化祿、化科、化忌的四化的影響。『權、祿、科』是對人有利的，能促進人生進步、和諧、是能創造富貴的格局。『權、祿、科』的配置好壞就是能決定人生加分、減分的重要關鍵所在。

星曜特質系列包括：『羊陀火鈴』、『十干化忌』、『殺、破、狼』上下冊、『權、祿、科』、『天空地劫』、『昌曲左右』、『紫、廉、武』、『府相同梁』上下冊、『日月機巨』、『身宮和命主、身主』。

此套書是法雲居士對學習紫微斗數者常忽略或弄不清星曜特質，常對自己的命格有過高的期望或過於看輕的解釋，這兩種現象都是不好的算命方式。因此以這套書來提供大家參考與印證。

對你有影響的

法雲居士⊙著

『權祿科忌』是一種對人生的規格與約制，十種年干形成十種不同的、對人命的規格化，以出生年份所形成的四化，其實就已規格化了人生富貴與成就高低的格局。『權祿科』是決定人生加分的重要關鍵，『化忌』是決定人生減分的重要關鍵，加分與減分相互消長，形成了人世間各個不同的人生格局。『化忌』也會是你人生命運的痛腳及力猶未逮之處。

星曜特質系列包括：『殺、破、狼』上下冊、『羊陀火鈴』、『十干化忌』、『權、祿、科』、『天空地劫』、『昌曲左右』、『紫、廉、武』、『府相同梁』上下冊、『日月機巨』、『身宮和命主、身主』。

此套書是法雲居士對學習紫微斗數者常忽略或弄不清星曜特質，常對自己的命格有過高的期望或過於看輕的解釋，這兩種現象都是不好的算命方式。因此以這套書來提供大家參考與印證。

法雲居士⊙著

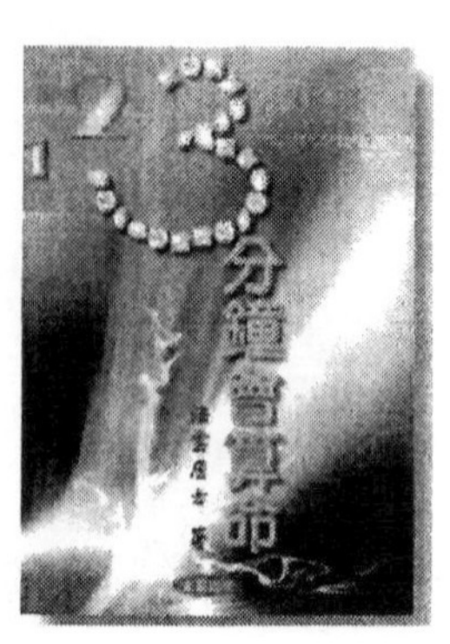

簡單、輕鬆、好上手！
三分鐘會算命。

讓你簡簡單單、輕輕鬆鬆，
一手掌握自己的命運！

誰說紫微斗數要精準，就一定複雜難學？

即問、即翻、即查的瞬間功能，
一本在手，助您隨時掌握幸運時刻，
趨吉避凶，一翻搞定。算命批命自己來，
命運急救不打烊，隨時有問題就隨時查。

《三分鐘會算命》就是您的命理經紀，專門為了您的打拼人生全程護航！

紫微屋相學

法雲居士⊙著

人有面相，房屋就有『屋相』。
人有命運，房屋也有命運。
具有好命運的房子，也必然具有
好風水與好『屋相』。

房子、住屋是人外在環境的一部份，
人必須先要住得好、住得舒適，為自己建造
好的磁場環境，才會為你帶來好運和財運。
因此你住了什麼樣的房子，和為自己塑造了
什麼樣的環境，很重要！

這本『紫微屋相學』不但告訴你如何選擇吉屋風水的事，更告訴你如何運用屋相的運氣來為自己增運、補運！

如何觀命・解命
如何審命・改命
如何轉命・立命

法雲居士⊙著

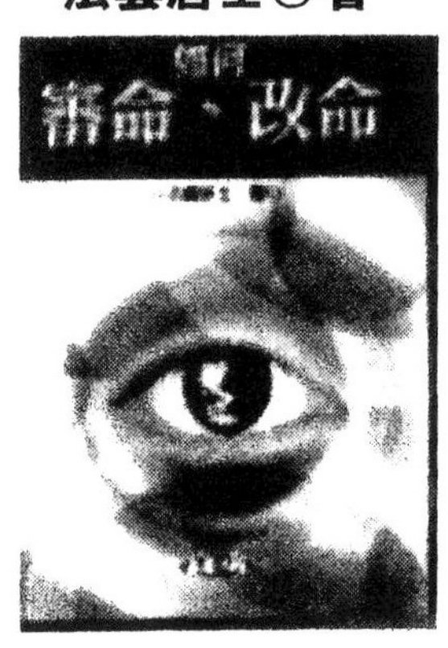

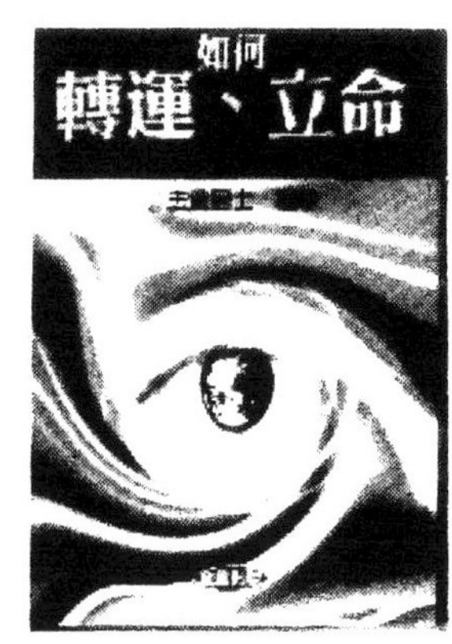

古時候的人用『批命』，是決斷、批判一個人一生的成就、功過和悔吝。現代人用『觀命』、『解命』，是要從一個人的命理格局中找出可發揮的潛能，來幫助他走更長遠的路及更順利的路。
從觀命到解命的過程中需要運用很多的人生智慧，但是我們可以用不斷的學習，就能豁然開朗的瞭解命運。

一般人從觀命開始，把命看懂了之後，就想改命了。
命要怎麼改？很多人看法不一。
改命最重要的，便是要知道命格中受刑傷的是那個部份的命運？
再針對刑剋的問題來改。
觀命、解命是人生瞭解命運的第一步。
知命、改命、達命，才是人生最至妙的結果。

這是三冊一套的書，由觀命、審命，繼而立命。由解命、改命，繼而轉運，這其間的過程像連環鎖鍊一般，是缺一個環節而不能連貫的。
常常我們對人生懷疑，常想：要是那一年我所做的決定不是那樣，人生是否會改觀了呢？
你為什麼不會做那樣的決定呢？這當然有原因囉！原因就在此書中！

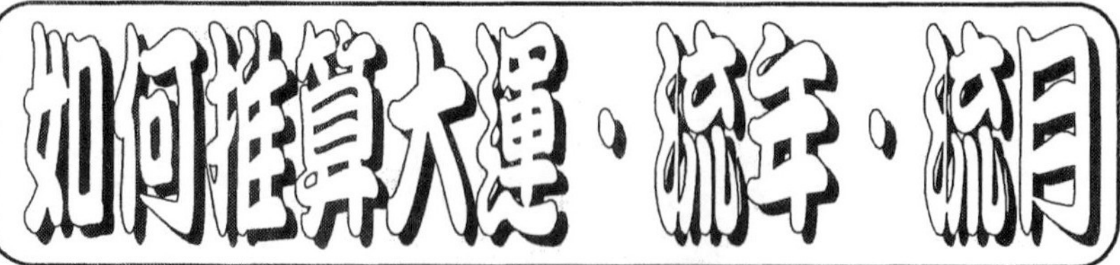

上、下冊

法雲居士⊙著

全世界的人在年暮歲末的時候，都有一個願望。都希望有一個水晶球，好看到未來一年中跟自己有關的運氣。是好運？還是壞運？

這本『如何推算大運、流年、流月』下冊書中，法雲居士利用紫微科學命理教您自己來推算大運、流年、流月，並且將精準度推向流時、流分，讓您把握每一個時間點的小細節，來掌握成功的命運。

古時候的人把每一個時辰分為上四刻與下四刻，現今科學進步，時間更形精密，法雲居士教您用新的科學命理方法，把握每一分每一秒。在每一個時間關鍵點上，您都會看到您自己的運氣在展現成功脈動的生命。

法雲居士利用紫微科學命理教你自己學會推算大運、流年、流月，並且包括流日、流時等每一個時間點的細節，讓你擁有自己的水晶球，來洞悉、觀看自己的未來。從精準的預測，繼而掌握每一個時間關鍵點。

VENUS PUBLISHING CO.
金星出版
命理生活新智慧・叢書